U0602290

本书由中国博物馆协会与腾讯基金会"腾博基金"资助

"中国博物馆陈列展览精品·策展笔记"丛书编辑委员会

主　　编　刘曙光

执行主编　毛若寒

编　　委（以姓氏拼音为序）

　　　　　　陈　浩　褚超孚　龚　良　李耀申　陆建松

　　　　　　佘志宏　石金鸣　宋向光　孙英民　张　遇

风雅江南

Elegance of Jiangnan

吴中博物馆
基本陈列
策展笔记

陈曾路　等著

ZHEJIANG UNIVERSITY PRESS
浙江大学出版社
·杭州·

图书在版编目(CIP)数据

风雅江南：吴中博物馆基本陈列策展笔记/陈曾路
等著. -- 杭州：浙江大学出版社, 2023.11（2025.7重印）
（中国博物馆陈列展览精品·策展笔记）
ISBN 978-7-308-24303-2

Ⅰ.①风… Ⅱ.①陈… Ⅲ.①博物馆—历史文物—陈
列—策划—苏州 Ⅳ.① G269.275.33

中国国家版本馆CIP数据核字（2023）第196478号

风雅江南

吴中博物馆基本陈列策展笔记
FENGYA JIANGNAN: WUZHONG BOWUGUAN JIBEN CHENLIE CEZHAN BIJI
陈曾路　等著

出 品 人	褚超孚
项目负责	陈　洁
策划编辑	张　琛　陈佩钰　吴伟伟
责任编辑	吴伟伟
文字编辑	蔡一茗
责任校对	黄梦瑶
美术编辑	程　晨
责任印制	范洪法
出版发行	浙江大学出版社
	（杭州天目山路148号　　邮政编码：310007）
	（网址：http://www.zjupress.com）
排　　版	大千时代（杭州）文化传媒有限公司
印　　刷	杭州捷派印务有限公司
开　　本	710mm×1000mm　1/16
印　　张	13.75
字　　数	195千
版 印 次	2023年11月第1版　2025年7月第2次印刷
书　　号	ISBN 978-7-308-24303-2
定　　价	88.00元

版权所有　侵权必究　印装差错　负责调换
浙江大学出版社市场运营中心联系方式：（0571）88925591；http://zjdxcbs.tmall.com

总　序

在社会主义文化强国建设的进程中，博物馆扮演着中华文明优秀成果守护者、传承者与传播者的重要角色。作为博物馆教育与传播的核心媒介，陈列展览成为博物馆守护文化遗产、传承中华文明、讲好中国故事的关键工作。好的陈列展览离不开好的策展工作。策展是构建陈列展览的过程，是通过逻辑和观念的表达，阐释文物藏品的多元价值，构建公众与遗产之间的对话空间，激发广泛社会价值与文化价值的思维和组织活动。博物馆策展的理论与实践水平，很大程度决定了陈列展览的思想境界、文化内涵、艺术品位与传播影响。因此，博物馆策展的学术研究和业务能力建设是提高博物馆陈列展览工作业务水平和影响效果的重要途径；某种意义上，也是促进我国博物馆事业高质量发展的关键所在。

"中国博物馆陈列展览精品·策展笔记"丛书的出版，正是源于对上述问题的思考。作为我国博物馆行业发展的协调者与促进者，中国博物馆协会长期致力于博物馆展陈质量建设和策展能力提升。在持续不断的摸索和实践中，许多博物馆同仁建议我们依托"全国博物馆十大陈列展览精品推介活动"，围绕一批业内公认的具有较大影响力与鲜明特色的获奖展览项目，邀请策展团队，形成有关策展过程和方法的出版物。在不断的讨论中，我们逐渐明确：这种基于展览策划的出版物，显然不同于博物馆中常见的对于展览内容及重点文物介绍的"展览图录"，而更适合被称为"策展笔记"。

所谓"策展笔记"，一方面，要聚焦"策展"的行动内容，也就是要透过展览看幕后，核心内容是展览从无到有的建设过程，尤其要重点讲述展览选题、前期研究、团队组建、框架构思、展品组织、形式设定、艺术表达、布展制作等当代博物馆展览策划的核心流程及相关体会。另一方面，要突出"笔记"的内涵风格。如果与记录考古工作的过程、方法与认识的"考古报告"相类比的话，"策展笔记"则是对陈列展览的策展过程、方法与认识的重点记录。与此同时，作为与"随笔""札记"等相似的"笔记"文体，也应带有比较强烈的主观性、灵活性和较高的自由度，宜以第一人称的口吻展开，重在呈现策展的心路历程与思考感悟，而不苛求内容体系的完整性与系统性；重在提炼策展的经验、理念、亮点，讲好值得分享的策展专业理论、专业精神、专业态度和专业手法等。我们相信，这样的"策展笔记"，不但可以作为文博行业了解我国文博系统优秀展览的"资料工具书"，也可以作为展陈从业者策展创新借鉴的"实践参考书"，还可以作为普通大众的"观展指南书"，帮助他们了解博物馆幕后工作，更好领略博物馆展陈之美。

丛书第一辑收集了 2019—2021 年度全国博物馆十大陈列展览精品推介的代表性获奖项目，覆盖全国不同地域，涵盖考古、历史、革命纪念等不同类型。由于缺乏经验借鉴，加之展览类型的多元性、编写人员构成的差异性等，在撰稿与统稿过程中，我们遇到了远超预期的挑战。这些挑战包括但不限于：如何平衡丛书的整体风格与单册图书的个体特色；如何兼顾写作内容的专业性特质与写作表达的大众性要求；如何将策展实践中的"现象描述"转化为策展理念的"机制提炼"，充分体现策展的创新点和价值点；如何实现从"报告思维"向"叙事思维"的转型，生动讲述策展的动人细节；如何在分析个案内容的同时对行业的普遍性、典型问题进行有效回应，发挥好优秀展览的示范作用；如何解决多人撰写所产生的文风不统一问题，提高统稿工作的质量和效率；等等。幸运的是，在各馆撰稿团队的积极配合下，在专家的有力指导下，我们通过设定指导性原则、确定写作指南、优化统稿与编审机制等途径，一定程度克服了上述挑战难题，基本完成了预期目标。

　　这套丛书的问世，离不开撰稿人、专家和编辑的辛勤劳动。我们衷心感谢北京鲁迅博物馆（北京新文化运动纪念馆）、中国人民革命军事博物馆、山西博物院、吴中博物馆、扬州中国大运河博物馆、杭州市萧山跨湖桥遗址博物馆、山东博物馆、湖北省博物馆、盘龙城遗址博物院、成都武侯祠博物馆、陕西历史博物馆、秦始皇帝陵博物院、和田地区博物馆等博物馆策展团队撰稿人的精彩文本。同时，我们衷心感谢南京博物院理事长、名誉院长龚良，复旦大学文物与博物馆学系主任陆建松，浙江大学艺术与考古学院教授严建强，北京大学考古文博学院教授宋向光，上海大学现代城市展陈设计研究院执行院长李黎，西安国家版本馆（中国国家版本馆西安分馆）副馆长董理，清华大学美术学院副教授李德庚等多位学者、专家的认真审读与宝贵的修改建议。感谢浙江大学出版社董事长、党委书记、总编辑褚超孚，以及社科出版中心编辑团队的细致审校和精心编辑，他们的工作为丛书的顺利出版提供了坚实的保障。浙江大学艺术与考古学院"百人计划"研究员毛若寒博士在这套丛书的方案策划、组织联络、出版推进等方面，用力尤勤，付出良多。此外，还有许多在本丛书筹划、编辑、出版过程中给予帮助的专家、老师，无法一一列举，在此谨对以上所有人员致以最真挚的感谢和敬意。

　　严建强教授在一次咨询会上曾对这套丛书给过一个很高的评价，认为它是当代博物馆专业化建设的一个重要的里程碑。对于这个赞誉，我们其实是有点愧不敢当的。我们很清楚，丛书第一辑的整体质量还有待提升，离"里程碑"的高度存在一定差距。但通过第一辑的编辑出版，我们为接下来的第二辑、第三辑的编写积累了经验、增强了信心。今后，我们会继续紧扣"策展笔记"作为"资料工具书""实践参考书"与"观展指南书"的核心功能定位，继续深化对于博物馆展览策展笔记的属性、目标、功能、内涵、形式等方面的认知，努力通过策展笔记的编写，带动全行业策展工作专业水平的整体提升。这虽然是一件具体的事情，但对构建博物馆传承与展示中华文化的策展理论体系和实践创新体系，推动博物馆守护好、展示好、传承好中华文明优秀成果，为博物馆事业的高质量发展、为建设社会主义文化强国不断做出新贡献，是很有积极意义的。我们相信，有全国博物馆工作者的积极参与，我们一定能把这套丛书做得更好，做成中国博物馆领域的著名品牌。

　　是为序。

刘曙光

中国博物馆协会理事长

風雅江南

Elegance of
Jiangnan

　　"堆金积玉地，温柔富贵乡"是历史对江南的美誉；"人间天堂"是历史对苏州的代称。河网交织、湖荡棋布的吴中，坐拥太湖五分之三的水域，这里是吴地文化的核心区域，是环太湖史前文明的重要发源地，人类活动可上溯至公元前一万年，历史悠久，文化璀璨，文化遗产及物产资源丰富。

　　"吴中"既是历史的也是当下的，一直以来是才子佳人口中和笔下的"世间乐土"，是江南乃至全国物质和非物质文化遗产最为集中的区域，也是物产最丰阜和风景最为秀美的地方，当然还是经济最发达、生活最舒适的所在。吴县（即现在的吴中）于苏州古城的居民而言其实就是苏州郊区，但对于策展人这个"他者"而言却不一样，逛苏州和游太湖是迥异的两种体验，苏州的"古"和"小"在太湖、东山、西山、灵岩山、天平山、天池山、上方山、七子山、穹窿山、石湖都不适用，枇杷、杨梅，太湖里的鱼、虾、蟹，光福的梅、明前的碧螺春、秋后藏书的羊肉才是记忆的维系。

　　吴中共有 4 个中国历史文化名镇，其中 1 个为江苏省历史文化名镇；有 5 个中国历史文化名村，占全省的 42%；有 12 处中国传统村落，占全市的 85.7%。全区现有市级及以上文物保护单位 131 处，其中全国重点文物保护单位 7 处，省级文物保护单位 23 处，市级文物保护单位 101 处。在历史文化名镇、名村、古村落、古建筑、全国重点文物保护单位和可移动文物精品六大方面的数量上，吴中均名列全省区、县第一。

　　除此之外，吴中还拥有众多丰富多彩、特色鲜明的非物质文化遗产，尤以传统工艺最具代表性。这里是近代"苏作""苏工"的发源地之一，是核雕、玉雕、木雕、石刻、佛雕、刺绣等传统工艺的集聚地，工艺门类齐全，大师名人云集，在江苏乃至全国工艺领域有着重要地位。目前，吴中拥有各级非物质文化遗产代表性项目66个，其中，香山帮传统建筑营造技艺、碧螺春制作技艺入选人类非物质文化遗产代表作名录，光福核雕、甪直水乡妇女服饰入选国家级非物质文化遗产代表性项目名录，此外还有18个项目入选省级非物质文化遗产代表性项目名录。吴中有各级非物质文化遗产代表性传承人142名，其中国家级6名，省级17名。

　　在可移动文物方面，原吴县文物管理委员会（简称吴县文管会）的文物收藏在行政区划改革后主要由吴中文物管理委员会（简称吴中文管会）继承，但吴中原先没有博物馆，多达5336件的文物精品只能装箱保存在吴中文物管理委员会办公室（简称吴中文管办）库房。吴中文物藏品数量之多、类别之齐、时代之全、品位之高，在省内县级行政区库藏文物中同样位于前列。

　　在"建设优秀传统文化传承体系，弘扬中华优秀传统文化"的时代背景下，为了充分发挥文物价值，合理展示、利用文化资源，让广大群众共享经济社会发展成果，吴中区文化体育（文物）局于2013年9月10日正式向区委、区政府提交了《关于建设吴中博物馆的建议》，经过多次研讨、联合会议，各级领导一致认为，吴中博物馆的建设是十分必要和迫切的。2013年10月，建设吴中博物馆的建议得以通过。

　　一座属于吴中、属于江南、属于广大人民的新的博物馆，就此开启了真正的征程。

一、命题作文

"考古"和"风雅颂"是命题作文，这是很多参观过吴中博物馆基本陈列的人所不知道的。

在策展团队第一次到吴中和相关领导沟通策展思路之前，吴中方面发来了两页 A4 纸，是一个名为"吴中博物馆基本展陈方案设想"的文件，其中提出："吴中博物馆基本展陈拟以苏州吴文化为主题，在明确'吴'的概念的前提下，立足专业的学术研究，挑选、整合现有的藏品，采用'1+N'的展陈形式，通过主体'考古学意义上的吴文化——吴国'陈列及'风''雅''颂'三个专题的延伸陈列，将考古学意义上的吴文化拓展到通俗意义上的吴地文化，多维度、全方位地诠释'大吴文化'的内涵。"接着对"风雅颂"的内容也进行了具体界定，比如"吴风"部分："此处陈列具有吴文化特色，使其区别于中原文化，展现吴文化独有的地域性。""吴雅"则主要陈列源于吴地并影响到中原地区或者体现吴地受中原文化影响并发展出自身特色文化的藏品。"吴颂"则是要展示现今吴地人民对吴文化的饮水思源，体现吴文化的深远影响。

首先，我们觉得这个展陈方案设想并非出自专家或博物馆的工作人员，"风雅颂"的叙述结构完全跳脱出一般文博展览的叙事路径，有其合理性，也很有创意。其次，这个方案设想的底层逻辑其实是对于本乡本土的文脉和馆藏特色的聚焦，这是应该坚持和彰显的。再次，"风雅颂"的创意很好，但是对具体呈现内容的区分度太低，具体落地会很困难。最后，聚焦于吴文化是优势，但是过分聚焦似乎会对陈列的未来延伸和发展有所不利。"风雅颂"的创意应该贯彻，但具体如何重新界定"风雅颂"则是需要斟酌的。

吴中方面在很短时间内又提供了博物馆建筑的平面图和文管会所藏文物的

目录，当时策展团队的想法是，从三个层面来构建这个展览的基本构架。第一个层面是"考古"，因为吴中博物馆藏品源于吴中文管会，文管会的文物主要来自考古，考古当然可以拿来证史，但是一味"考古证史"既让叙事"憋屈"，又容易"曲解历史"，吴地的考古虽然收获巨大，但是也有不够系统、全面的问题。许多历史上的关键问题和重要时段其实是缺乏考古成果的佐证和支持的，削足适履反而不科学。聚焦考古的方法论和考古学家工作的过程倒是能扬长避短，亦能让观者多角度地溯源吴地一万年的文明史和 2500 年的历史。凸显思考和求索的过程，让展厅里的学习成为可能；回避一些学术争议，也能掩盖文物藏品不够系统和丰富的短板。第二个层面是"太湖"。因为太湖是了解吴国、苏州、吴地、吴县这些历史、地理、行政区划概念的关键，太湖能串联起各种类型的自然和文化遗产。太湖还是最被低估的文化符号和标志，愈基层的博物馆必须愈聚焦本乡本土，吴中博物馆应该致力于擦亮这张吴中和苏州的名片。第三个层面是"江南"。所谓吴中，其实是"吴地之中"，即物理意义上的"江南之中"，是心理上"最江南"的所在。厘清吴文化的实质和本源必然需要辨析清楚吴文化和江南文化的关系，从吴越争霸到姑苏繁华，从古时到今日，溯源固然不简单，观照当下更是博物馆职责使命所在。

在此基础之上，我们基本确定了展览的结构，分为"考古探吴中"和"风雅颂吴中"两大部分。其中"考古探吴中"主要从考古学的角度解读吴文化的起源、发展和特征。以吴中地区的历年考古发现为主要展示内容，结合考古学、历史学及其他相关学科的研究方法，引导观众认识和了解吴中地区的先秦文化与物质遗存，跟随展览一同探究吴文化的起源与勃兴。

"风雅颂吴中"则包含"吴雅""吴风""吴颂"三个平行展览，呼应"考古探吴中"，展示、解读吴中的风物、吴地的精品文物和吴文化的传承等内容，多维度、全方面地诠释吴文化的内涵。

"吴雅"展厅聚焦的关键词是"雅正"，"雅"是吴文化的精髓。文物是特定时期的文化、思想和生活方式的体现，吴地之文物中所蕴藏的雅正之色使其自有可观之处。此板块分成三个部分，即"镜鉴泉货"、"汲古长物"、"巨匠巧作"，分别对应吴中博物馆所藏秦汉以来的铜器、陶瓷器、玉器杂项等三部分的文物，挖掘文物背后的文化因素，尤其是"吴文化"的因素，以雅物见证灿烂历史，激发观众对"吴文化"的认同感。"吴风"的"风"所呼应的正是吴地的风土、风景、风俗、风物。风者，由自然而入民情，是诗经中"采风"的本义。在"吴风"这个部分，我们打破自然、科学、人文的界限，凸显本乡本土的魅力，重点展示太湖的山水和物产。"吴颂"所颂扬的则是吴地先贤和吴语、吴音、吴乐等非物质文化遗产。

　　"考古探吴中"和"风雅颂吴中"的"吴雅"部分主要以文物为展品，对应的展厅面积最大，两者空间相连，有利于形式上的和谐和一致，有利于观众对于"经典实物"预期的达成，有利于安防设备的布局和展示环境的控制，凸显基本陈列的"经典性"，这两个部分也是整个基本陈列的主体；"吴风"部分强调五感的体验，对青少年更为友好，鼓励互动和探索；"吴颂"部分展厅面积最小，只有300平方米左右，将图书阅读、活动和展览展示空间相融合，既弥补了与吴地先贤相关的文物不足的先天缺陷，又创造出具有延展性和灵活可变的"展中展"的可能性。

二、聚焦阐释

　　阐释并非只是展览里各种层级的说明文字和数字内容，而是从观众研究和目标观众的确定，到展览故事线的设计构建，展览文物、模型和辅助展品、场景、图文信息、数字多媒体内容的选择、设计、制作，展品的说明撰写、讲解和导览，再到制作相关书籍与各类衍生数字资源，进行与内容相匹配的形式设计以及相关推广营销，即构建有利于参观者探索和学习的"具有设计的教育场景"的全部流程。

通过对各方意见的听取、对专家学者和前辈的走访、对观众的调查和研究、对自身资源和各种条件的分析，对于展览大纲本身，团队达成了以下共识。

一是展览大纲也应该是一座博物馆的立馆之纲。

作为典型的中小型和区域性的博物馆，吴中博物馆应该致力于以高质量的文化产品和文化服务为吴中、苏州乃至于长三角的观众服务，努力建设成为"高水平""有特色"的文化综合体。吴中博物馆的特色在于"吴地"和"江南"，馆藏文物承继自吴县文管会的收藏（后又属吴中文管会），苏州范围内的许多重要考古成果集中于此，是讲述吴地兴衰故事、展示苏州城市历史、阐述江南文脉的最关键材料，除了服务"在地"的观众群体之外，研究、梳理、展示好本地的文化当然也是吴中博物馆工作的重点所在。

中小型博物馆的运营模式如若简单"拷贝"大馆，必然吃力不讨好，也难以持续，容易陷入"千馆一面"的局面。"高水平"当然是所有文化机构的目标，但于中小型博物馆而言，"有特色"其实才是"高水平"的前提和保障。展览是博物馆最为重要的文化产品和服务，中小型博物馆的展览未必要摒弃宏大叙事，但更要精于小切口的视角和微观层面的阐释。

二是以学术为主轴，体现最新研究成果，强调经典性和恰当性。

在编写大纲之初，我们对吴中考古所涉及的遗址，如春秋木渎古城、草鞋山、三山岛等进行了细致的考察和拍摄。查阅海量论文和各类文献、书籍、资料，对于已有的学术成果进行梳理和总结，合理有效的选择，展示恰当的内容，提供准确的信息，引导思考，触发情绪，本身就是学术性的体现。

所谓经典性，其实指的是展项的经典性。吴中早期遗址比较多，高等级的精品文物固然不少，如果在缺乏考古展示语境的展陈环境中一味突出精品文物的艺术价值，固然对提升个别"明星文物"的展陈效果有好处，但是对展示遗址和一个时代的文化的多样和丰富性有所不利。所以我们还是坚持考古学的方法论和视角，尽量全面系统地展示一个遗址从早至晚、各种类别的"标准器"，让精品文物与各类阐释手段或载体相组合形成展项，在物质文明演进发展的语境中展现其魅力。

在明确此原则后，我们才着手梳理馆藏文物中最具艺术性、故事性和文化价值的"明星文物"，合理安排其所属的展项和"出场顺序"，精准控制不同类别文物出现的频度，保证展览中的每个节点都有其存在的意义和价值，力求吸引力能够最大化。直到"吴雅"厅的出口位置，还有朱碧山银槎杯这样的"镇馆之宝"出现，成为"巨匠巧作"展项的核心文物。我们用经典的文物和展项在恰当的时机和位置让"博物馆疲劳"得以缓解。

三是合理取舍，聚焦观众需求和心理。

展览的节奏感和气氛是需要控制和营造的，要与观众的观看心理相适应。比如"考古探吴中"序厅中六张"吴县区划变迁"地图，是我们梳理苏州历史之后特意选择的最具代表性的六个时间节点，在交代苏州本身的历史变迁这样的基本信息之余，其实也在不经意间给参观者传递一种信息和情愫："我们的展览与吴县有着千丝万缕的联系。"一开始其实策展团队内部也有不同的意见：是否要将这六张图放在展览的最开始？因为"考古探吴中"的主题其实和这些行政区划变迁的关系不大。最后的结论是，地图所引发的思考有利于好奇心和探索欲的生成，尤其苏州本地的很多观众都有着"吴县情结"。在"考古探吴中"的结尾处有"吴县地区主要考古遗址分布图"，在"吴颂"部分中心大通柜旁有"吴县地区主要文物遗址分布图"，这既是对展览中的文物和遗址的阐释，也是呼应一开始的行政区划变迁图。

展览的内容是需要取舍的。"考古探吴中"基本是以时间为线索而铺陈展览，以其中的"吴国春秋"展项为例，原本是在春秋时期吴国历史的框架下，以严山窖藏、真山大墓、木渎古城考古发现为主要展示内容，重点突出吴中地区作为政治中心时期的吴国社会、经济、军事发展状况。同时，结合遗址出土遗迹、遗存，全方位展示考古工作从发现、发掘到保护、研究的各个环节，帮助观众从学术的角度理解考古成果的重要性。但问题是严山、真山、木渎等遗址均属于春秋晚期的吴国，而早中期的太伯奔吴、季札挂剑以及周章、寿梦、伍子胥等人物故事缺乏文物支撑，最后解决的办法是以动画的方式展示吴国历史上的重要事件。这实际上省略了对于吴国早期历史的展示，而将重点聚焦于既有文物展品支撑、学术上亦少争议的"玉敛丘封""营构大城""埋玉于山""大邦之争"等内容。策展大纲对于其表现形式和内容提出了非常具体的建议："可参照汉画像石或《历代帝王图》，线图为主，淡着色，画面横向展开，体现历史感。主要以动画讲述吴国历史上的重要事件。"最终呈现对于大纲要求的还原度很高，既没有忽略难以求证的历史故事和叙事，也不抢学术和经典的戏。

　　观众的需求和心理是我们最关注的。我们在前期观众调查中发现，公众对"展示苏州历史"的期待很高，但我们策展的初衷就是与当时已开工的苏州博物馆西馆的基本陈列错位，回避通史性的展览线索构建。既对观众的需求有所响应，又不违背策展原则，是不小的挑战。最终，我们选择了"吴雅"展厅的"汲古长物"部分做文章，此部分主要展示的是馆藏最具价值的 12 件陶瓷器，本身应该是聚焦艺术和美，但最终在中心展柜中又同时展出了与这 12 件陶瓷器相关的遗址或墓葬的各类文物，12 件变成了 12 组文物，总共展出文物 300 余件，从良渚文化的彩绘陶罐到元代釉里红大罐，实际上展现了整个苏州地区的文明史。我们的考虑是，观众参观至此，对于吴中的考古和文物已然有了初步的了解，已经形成了分散和模糊的印象，时代相继、风格各异、种类多样的 12 组文物完全能够在最集中的空间以最强烈的冲击力让散点聚焦，让模糊变清晰，形成系统而客观的认知。虽然"吴雅"部分的展示初衷并非一地之历史和文脉，但用 8 米长、3 米宽大通柜的有限空间，以最为艺术的方式叙述历史，既不会改变展厅的调性，亦可以满足观者的需求。

四是要对形式设计提出明确建议。

目前国内的博物馆策展设计和布展的流程往往存在大纲编写团队和深化设计团队脱节的情况。编写大纲时完全不考虑形式，而设计团队对于大纲的理解往往是囫囵吞枣，导致最后的作品难以让人满意。其实编写大纲时绝不应该仅仅考虑学术性和文学性，主策划应该对于空间甚至展览的细节有很具体的想象。这一方面可以让深化设计团队少走很多的弯路，另一方面可以保证最终的效果呈现和方案落地。

以"吴风"展厅为例，大纲对于形式有着具体的意见：

> 本展厅将摒弃传统的线性路径展览形式，而是利用展厅的四周背景墙、展厅装饰、展厅地面和上部空间的形式设计，构筑起一个吴中山水景观（尤其是太湖、洞庭山）的大环境。
>
> 背景墙面为环形，以白描线图或水墨风格绘制四时吴中山水、市镇与物产（从水中物产到陆上动植物、山上瓜果、山峰、湖荡、村镇等）。墙体中将嵌入小展项，用立体、多维度的组合对各种吴地风物加以详细阐释。
>
> 本展厅的各个主题内容将设计为多个中岛式的展示区，如同散落在山水大环境中的大大小小的岛屿。观众不再是只能遵循单一的线性参观路径，而是可以自行探索各主题展项，参观、互动。各个中岛主题展区的艺术形式与风格也需要与展厅背景环境保持统一。

对于大纲的相关内容还有具体备注：

> 需注意，本章节的序号与层级，是用以说明"吴风"展厅的内在逻辑结构。而实际展厅的空间关系处理中，并不做对应分割，而是根据上文所述，

构建太湖山水的大环境背景，嵌入小展项，设立多个中岛主题展项形式。

　　策展的出发点是展现吴地风物的多样和丰富性，对于区域性博物馆而言，对地方风物的展示是实现其特色的重要手段，也是凸显其"在地"属性的责任所在。展示吴地风物的困难在于其门类和内容庞杂，而观众对于不同学科门类的知识储备有限，个体兴趣差异大。在实际展览设计中，利用展厅四周墙面构筑起一个吴中山水景观（以太湖为中心）的视觉环境，以手绘的方式描绘吴中山水、市镇、生活与物产。在展厅墙面和中岛展台嵌入相关展项，用立体、多维度的组合对各种吴地风物加以详细阐释，使观众不再遵循单一的线性参观路径，而是自行探索各主题展项。

　　尽管理解和探索不同展示门类和内容的方法和途径完全不同，但形式上的一致性和大量的互动体验可以让参观者对"风物"的概念和探索相关知识的途径有很好的掌握，从"水八仙的养殖""稻米的一生""碧螺春的制作工艺"到地理、气候、历史、园林、景观、农林水产、动植物、中草药、矿业、建筑、民俗、传统技艺等不同的知识领域，通过分层组织基础知识片段，形成最优的复杂知识结构。比如我们在"吴地花木"部分不仅做了植物学意义上的实物标本展示，更将花香在化学意义上的产生和播散方式、物候学意义上的花期和身处江南的身体感受、民俗意义上的节气和四时花木、文学层面上的咏花诗、艺术层面上的花鸟画纳入展览阐释的本体，配合相关的课程和活动，让学习成为获取概念、技能和元知识能力的结合。

　　尽管我们原本并没有将"吴风"展厅定位成"探索馆"，但在实际开放时，亲子家庭和学生观众乐于在"鼓励动手"和"调动五感"的环境中进行探索和学习，情绪和兴趣成了探索的原动力，实则亦是博物馆实践对于认知和学习理论的一种验证。

三、从文本到展览落地

展览的落地有赖于内容设计、概念设计、深化设计、施工团队以及博物馆相关工作人员的通力合作。

因为现有的招标程序相对比较复杂，各地的执行程序标准有所不同，但结合吴中博物馆的布展实践，我们认为有几个通用的经验值得总结。

一是内容大纲撰写团队一定要和概念设计团队无缝对接。2019 年初夏，概念设计方案招投标前，策展人代表内容设计方给几支有意参与概念设计的团队就内容方案进行了仔细讲解，一一分析每个展项的设计理念和来龙去脉，回答概念设计团队的问题，给出必要的建议。根据以往经验，绝大多数的设计师其实没有能力和精力仅靠阅读而理解内容设计的初心，"套方案"的情况时有出现，由于内容和形式脱节，千篇一律和丧失亮点的结果成为必然。后来几个团队拿出来的概念设计方案各有特色，水平都很高，也证明了无缝沟通和对接的必要性。

二是深化设计要盯细节。对于深化设计方案的立面和平面、灯光、多媒体、场景模型乃至于各种大小和尺度的展台、展具等，必须逐个推敲细节。以"考古探吴中"第一个展柜为例，它主要展示的是三山岛旧石器时代的文物。我们与深化设计团队一起确定展柜和柜前互动台的样式、材质和位置关系，钢制互动台集中了多媒体互动播放和标本的展示及触摸，设定为 90 厘米高以方便未成年人的操作；提前至三山岛遗址现场采集燧石进行实验加工，确定能够制作让观众触摸的标本；撰写视频脚本，联系当时的发掘者和相关领域专家，拍摄相关视频；柜内设计时，严格规定了各种层级的说明文字的字体、字号以及符合人体工学的展板高度；对文物在平面以及立面上的摆放位置和说明文字、图表的位置关系，皆在设计阶段做了十分细致的效果估量；对体量较大的文物，提前做了三维扫描，定制文物抓件。从2019年11月起，几乎每天都有平面和立面、多媒体、模型、灯光设计的方案会，如此数月。

三是博物馆方要全过程全员投入。在深化设计和施工布展阶段，博物馆业务部门的工作人员基本都参与到具体的设计深化、数据采集、协调、布展工作之中。尤其是每一个展项和展览的板块都由专门的业务人员负责，快速响应解决实际问题。

四是基本陈列也要微改造、常更新。博物馆的基本陈列往往十年不变，其实并不符合观众"喜新厌旧"的规律。但基本陈列的全面改造投入巨大，短时期内的推倒重来也根本不现实。把常设展的局部"特展化"，合理微改造、内容常更新是一种思路。"吴颂"展厅在开馆以后第一个面向公众开放的"展中展"是"一个博物馆的诞生"，用实物和各种档案资料、照片、视频讲述了博物馆诞生的全过程，之后则连续举办了十余个"匠艺"系列的展览。"吴颂"原本就是讲述吴地先贤和文脉传承的展厅，非物质文化遗产又是苏州和吴中最具特色和魅力的部分，这种嵌入式展览的模式得到了观众的普遍认同。

最近，吴中博物馆还准备用这两年与基本陈列有关的一些特展的内容替换更新基本陈列的相关部分，完成展厅的微改造。比如"吴风"展厅的"营造构建"部分，主要展示对象是吴地的乡镇里坊、市肆水道、寺庙祠堂，包括各种类型的古建和民居等不可移动文物。在设计之初，我们就觉得这个部分内容上的梳理和研究还不够深入，表现形式也相对传统，体量巨大的建筑实物没办法直接"搬"进展厅，最终的呈现手段还是以传统的模型、图表和照片、视频影像为主，然而"营造构建"这个部分又很难割舍。为了弥补这个遗憾，我们在2021年秋季推出"世间乐土——吴县文物数字展"，将数字资源和文物、实物模型、互动装置、图文等各类内容相结合，展览主要聚焦的是吴县范围内的古村、古镇和古民居，以建筑和人居空间为切入点，剖析最为典型的江南民居的村镇。展览的四个部分"自得""自适""自如""自在"分别讲述"我的厅堂""我的宅院""我的社区""我的吴县"的故事，从属于国保单位的凝德堂正厅、惠和堂中路，到吴县地区建筑的各类门楼、屋脊、山墙、梁架、轩架、户牖，凸显的是营造之美与工艺之精；从河流、桥、埠头到商贸市集、运输道路，展现最为典型的江南村落结构、场景和肌理；从有烟火气的菜场、酱园、米行到日常的打更、浣衣、汲水，乃至于求学、问艺、游山、祈福，呈现的是人居的和谐与文脉的传承；从太湖周边众多历史村镇，到环太湖和吴县全域的文化遗产，追溯的是文明演进的基因和动力，探索的是江南文脉传承的伟大传统。在设计这个特展之初，我们即将其定位为结束后能将主体纳入基本陈列，成为展厅微改造的基础，因此几个大模型的尺度完全按照基本陈列"营造构建"中已有的村镇大模型的尺度来制作，各种数字模型、数据资源在接下去的展厅内容的提升改造中都能用上，以最低的成本追求展览内容和效果的最大限度的提升。

　　展览是博物馆最为重要的产品，体现着一个博物馆的水准和担当，在 2020 年 6 月 28 日开馆之后，我们的基本陈列也成了全部工作的"压舱石"。许多同行也是在考察了我们的基本陈列之后，才放心同我们这家初生的博物馆合作，因此基本陈列某种程度上又是一块敲门砖。在打造基本陈列的过程中，我们最大的收获是锻炼了队伍，现在想来能在一年半左右的时间里完成从大纲撰写到开馆的所有工作近于奇迹，靠的还是人。聚拢了人心，凝聚了人气，人是核心竞争力。所有参与过吴中博物馆新馆建设的同志，从各级领导、各相关委办部门，到代建方、监理、建筑、内装、展陈团队以及博物馆的每一位工作人员，从设计师到现场的工人，都是自豪而充满感情的。有很多次，我们都遇到了参与吴中博物馆建设的人带着自己的家人来参观，在"吴颂"展厅"一座博物馆的诞生"展览里的"贡献墙"上找自己的名字。一开始，我们就让设计师把每一个参与者和建设者的名字都记录其上，做展览当然是学术，但终究其实是人情。

風雅江南

Elegance of
Jiangnan

玉璧的制作工艺

导览

吴地之中

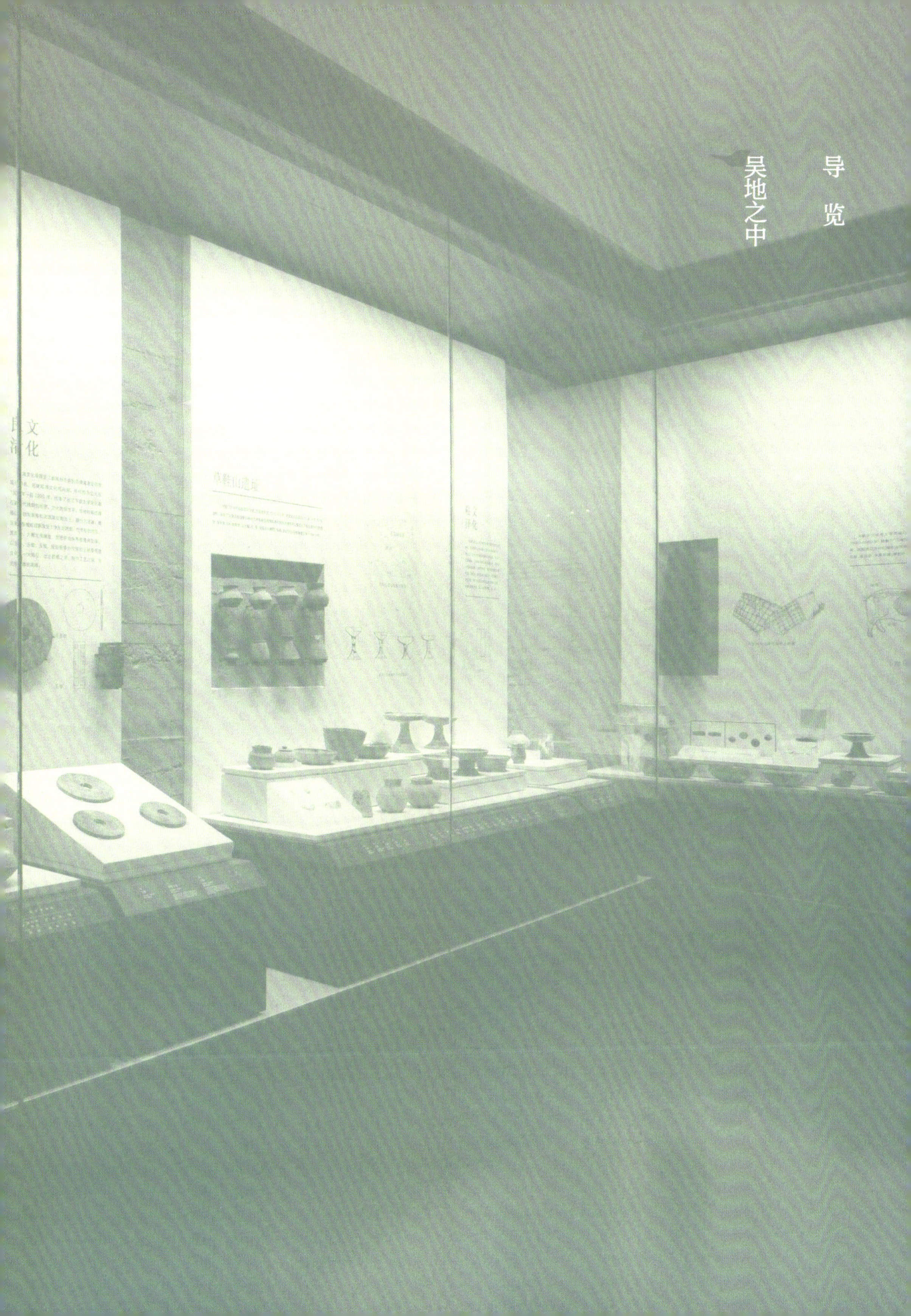

　　"山水苏州，人文吴中"，吴中历史悠久，是吴文化的发源地，也是吴文化区的中心，文物遗存和各类物产资源都十分丰富。因此，吴中博物馆的基本陈列也围绕着吴文化来进行。博物馆于 2020 年 6 月 28 日正式开馆，地上建筑共分为三层，一楼是临展厅和教育中心，二楼为常设主展厅，三楼是库房和行政办公区域。整个建筑看似不规则，但从高空俯瞰，仿佛一个大写的"吴"字，也是契合了博物馆的主题。

　　吴中博物馆的基本陈列主要由两部分组成，分别是"考古探吴中"和"风雅颂吴中"。其中"考古探吴中"主要从考古学的角度解读吴文化的起源、发展和特征。"风雅颂吴中"则包含"吴风""吴雅""吴颂"三个平行展览，配合"考古探吴中"，展示、解读吴中的风物特产、吴地的精品文物、吴文化的传承等内容，多角度、全方位地诠释吴文化的内涵（图 2-1）。

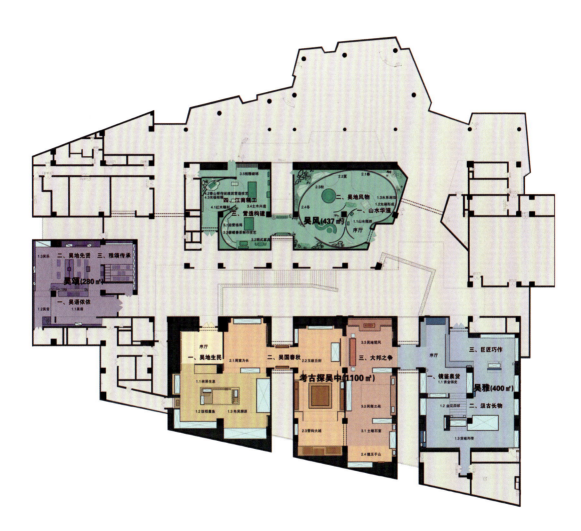

图2-1　基本陈列平面布局

一、寻根溯源　考古吴中

可能有些读者会有这样的疑问，到底何处是吴中？

吴中之名，历史悠久，可以溯源到周太伯南奔建立的句吴。当本地的文化遭遇代表中原文明的周文化，承饭稻羹鱼为立命之本，引礼乐教化为国之法度，奉谦和礼让为道德规范，先秦吴国以多元兼容的姿态，据东南而立，随寿梦称王而渐盛，在阖闾、夫差争霸中原时引领东南。

吴文化，狭义而言，即吴国文化，涵盖先秦吴国所有的物质文化和精神内涵；广义而言，则囊括了吴国地域内自先吴时期延续至今的具有一定地域特征的文化现象。后者与吴国文化有着千丝万缕的联系，或影响甚至奠定了吴国文化的基础，或受到吴国文化的巨大影响。吴文化历经不同历史时期，但在精神上是衍续的。

吴中地区作为吴文化的重要发祥地，也是吴文化繁荣之所在地。从新石器时代的聚落遗迹，到先秦时期的文物、墓葬与城市遗址，对吴中地区早期遗存进行考古研究，其意不只在于印证历史、再现辉煌，更在于探寻和推演吴文化多元交融的过程，以真实和具象的方式呈现吴文化流传千年、生生不息的特质与精髓。

来到吴中博物馆，按照展览动线，"考古探吴中"是第一个展厅（图2-2至图2-4）。这个展厅以时间为线索，将原吴县地区历年考古发现作为主要展陈内容，通过实物展示、场景模拟等陈列方式，结合考古学、历史学等学科研究方法，全方位、多角度地探究上起旧石器时代，下迄春秋战国时期的前吴文化及吴文化的起源和勃兴。

吴中地区最早的人类是如何生活的？太湖中央的三山岛旧石器时代遗址，

图2-2 "考古探吴中"展厅

勾画出了生动的早期人类渔猎场景，回答了这个问题。三山岛旧石器时代遗址在1985年发现于苏州吴中区太湖中的三山岛上，包括一处旧石器时代洞穴遗址和一处富含晚更新世哺乳动物化石的裂缝堆积遗存，同年由南京博物院、上海大学进行联合考古发掘。

三山岛遗址石器遗存分布总面积为600多平方米，文化层厚度从30厘米到50厘米不等，经发掘的36平方米遗址中，出土石制品5263件，其中石器225件，具有使用痕迹的石片218件，其余4000余件为生产坯件石核、石片及残废品；从出土石制品的特点来看，三山岛遗址应为一处史前石器制造场，大量石片表明这里曾是古人类季节性的居住营地。根据对石器整体制作方法和形制的分析可知，石器类型以刮削器为主，器型小，刃缘加工风格独特，与华北地区旧石器区别明显，反映出强烈的地方特色，很可能代表了一种以渔猎为主的生产经济（图2-5）。

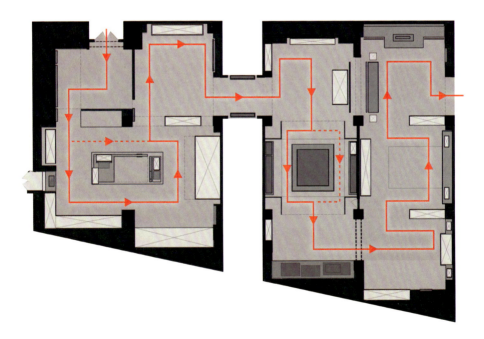

图2-3 "考古探吴中"平面布局（上）

图2-4 "考古探吴中"观众流线（下）

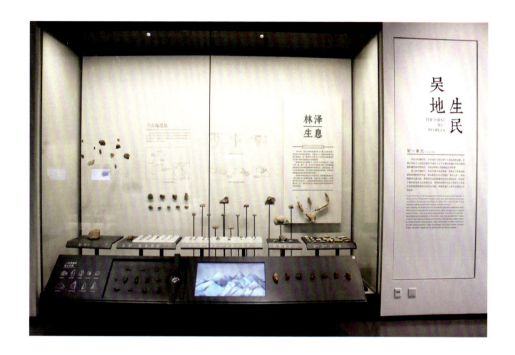

图2-5　三山岛旧石器制品及动物化石

化石遗址还出土大量动物化石，主要包括虎、犀牛、最后鬣狗、棕熊、黑熊、貆狸、狼、獾、豪猪、鼬、猕猴、貘、鹿、牛、兔等。鉴定出6个目20个种的哺乳动物，时代属于晚更新世，距今二三万年，反映的是一种疏林草原景观，气候较今天偏凉。

走过漫长的旧石器时代，步入新石器时代，吴中地区已经成为早期人类的重要聚居地之一。代表性遗址有草鞋山遗址、张陵山遗址、澄湖遗址。

从民族学的角度出发，这一时期的吴地先民属于"百越"族群，又被称为"古越人"。根据迄今为止的研究，极具特色的百越文化因素大致包括以下内容：经济

图2-6　草鞋山遗址文物展示

生活以稻作为主；居住形式以干栏式建筑为主；生产工具以有段石锛、有肩石器及木质农具为主；生活用具以木器及几何印纹陶为特色；社会习俗上流行文身、拔牙；信仰上有蛇崇拜、鸟崇拜及鸡卜等。而根据苏州地区的地理位置、马家浜文化以来的水稻田遗址、干栏式建筑遗存、"断发纹身"的历史记载等，我们都有理由将生活在吴中地区的史前先民归入"古越人"系统或"百越民族"系统中去。

　　共有三个展柜展示草鞋山遗址，通过草鞋山遗址丰富完整的文化序列，比一比"江南史前文化标尺"，领略环太湖流域早期文明的发展历程（图2-6）。

　　草鞋山遗址位于苏州城东 15 千米外的吴县唯亭镇（今苏州工业园区唯亭街道）东北，因中心有草鞋山土墩而得名。遗址于 1956 年由江苏省文管会普查发现，1972 年至 2009 年期间，南京博物院、吴县文管会、南京大学、苏州博物

图2-7 水田灌溉系统展示

馆等单位对遗址进行了多次考古发掘，出土了大量新石器时代到先秦时期的遗迹遗物，还发现了中国最早的水稻田灌溉体系。

草鞋山遗址范围约为 22.1 万平方米，文化堆积层厚度达 11 米，年代距今4200—6500 年。在太湖地区已经发掘的新石器时代遗址中，草鞋山遗址地层堆积最丰富，时间跨度最完整，通过发掘首次建立了由马家浜文化、崧泽文化、良渚文化构成的环太湖流域文化序列，因其堆积厚、内涵多，被誉为"江南史前文化标尺"，对东南地区新石器时代考古学的分期断代具有重要意义。

草鞋山遗址揭示了距今6000年左右的马家浜文化时期水稻田与水井（蓄水坑）、水塘、水路等相配套的灌溉系统，为追溯中国早期稻作农业的起源与发展提供了重要证据（图2-7）。

稻作农业的兴起，推动了炊器、食器的变更和农具的发展。

图2-8　草鞋山遗址出土的马家浜
文化腰檐圜底釜

　　流行以釜类陶器为炊器是环太湖地区马家浜文化的独特传统，但釜的具体
形态，则表现出较显著的地域差别。同为深筒状釜，在太湖东岸以草鞋山遗址
出土物等为代表的是圜底釜，在太湖西部以骆驼墩遗址出土物等为代表的则是
平底釜。不过无论哪种釜，在其上腰部几乎都会固定搭配环绕一周的花边出檐。
这既可以加固器体，又可以在烧煮食物时阻挡下部火焰上腾，还起到了一定的
装饰作用，因此这类陶釜常被称为"腰檐釜"（图2-8）。

　　农具的进步是推动稻作农业生产的巨大动力，但是由于隔着漫漫的时代长
河，许多农具的具体作用已不可考，如草鞋山遗址良渚文化层的有段大石锛、
双孔石刀（图2-9）、石耘田器（图2-10）等。有段大石锛仅见于东南地区，与普

图2-9 草鞋山遗址出土的良渚文化双孔石刀（上）

图2-10 草鞋山遗址出土的良渚文化石耘田器（下）

通石锛的不同之处在于其背部，即刃口斜向上的一面，自中部隆起一条横脊，将背面分为上下两个部分，其用途依据使用方法的不同而不尽相同。对于双孔石刀的用途，亦有多种看法——割取谷穗的农具、刮削竹片或葛麻植物皮层的刮削工具、切割兽皮或食物的切割工具等。月牙形石耘田器，其定名与用途颇具争议，归纳起来大致有"石刀""耘田器""石耜冠""石锄"等几种意见，除"石刀"外，其他三种命名都认为其用途跟稻作农业相关，犹以"耘田器"之说影响最大，该说法认为这件物品是良渚文化时期稻作行栽技术发展之下，用于中耕耘田、除草的专门工具。

草鞋山遗址良渚文化层中首次出土了大型玉琮和玉璧，不仅解决了琮、璧的年代问题，还首次证实了琮、璧、钺等玉器是新石器时代礼器的观点。

琮是新石器时代良渚文化时期的典型器。关于玉琮的意义和用途，学术界观点不一——或认为玉琮在祭器范畴中是祭地的礼器，在瑞器的范畴中是女性贵族的权标；或认为以琮、璧敛尸，为"玉敛葬"；或认为琮的方和圆表示地和天，孔代表天地相通，器表的动物纹表示这种动物能起沟通天地的作用，故琮是贯通天地的法器，联系到出土玉琮的福泉山、草鞋山、张陵山、反山遗址等良渚文化墓地都有人工堆筑的土山，瑶山的小石山上还堆筑了祭坛，能进一步说明这种堆筑的土山，是先人通天观念的产物，是人们通天思想的寄托。不管如何，这种精湛的玉制品，标志着远古发达的琢玉工艺水平，是当时社会生产力的指示物（图2-11）。

由草鞋山遗址的遗迹遗物可以看出，太湖地区很早就创造出了比较先进的文化，长江下游的太湖区域是我国史前文化的发源地之一。

历史的车轮滚滚向前，吴地先民的面貌逐渐清晰。离开草鞋山，前往约20千米外的张陵山、澄湖等遗址，一起迈上溯源先吴文化、吴文化的道路。

张陵山遗址位于苏州吴县（今吴中区）甪直镇南偏西2千米处，1956年由江苏省文管会调查发现。遗址有相距约100米的东、西两座土墩，当地人称为

图2-11　草鞋山遗址出土的良渚文化玉琮

东山、西山，遗存总面积约6000平方米。张陵山遗址的文化层堆积，自下而上依次为崧泽文化、良渚文化、以几何印纹陶和原始青瓷为特征的商周文化，文化序列与草鞋山遗址相同，是长江下游太湖区域古代文化序列关系的又一例证（图2-12）。

　　玉钺平面为梯形，上钻圆孔，形似后来的大斧，是由作为复合生产工具的带柄穿孔石斧发展而来的。穿孔处可以安装长柄，作为兵器或刑具，用于砍杀，后来制作逐渐精致，成为没有实用价值的礼器，是当时特权显贵的权杖，作为军事首领的象征物。到了奴隶社会，玉钺逐渐被青铜器代替（图2-13）。

图2-12　张陵山遗址与澄湖遗址展示（上）

图2-13　张陵山遗址出土的良渚文化玉钺（下）

　　相比之下，澄湖遗址的文化面貌就更具有江南水乡的特点了。澄湖遗址位于苏州吴县车坊镇（今吴中区下辖镇），1974 年由南京博物院与吴县文管会联合进行发掘，2003 年苏州博物馆与吴中文管办再次调查和发掘。澄湖遗址文化遗存丰富，时间跨度由新石器时代至宋代。新石器时代遗存中，发现房址、灰坑、水田、水井等多种遗迹，其中水井有近 1000 口，是太湖流域考古发现水井最多的遗址。澄湖古井中出土的遗物十分丰富，以汲水器为主，有模仿动物形态的陶器和图案精致的原始彩绘陶，具有鲜明的长江下游史前文化风格。

　　图中这件其貌不扬的灰陶罐用简单的刻划方法，绘制出了生动可爱的动物形象。发掘者认为陶罐腹部的五组图案分别是猫、鸟、蝶、蛇、鸡等，线条流畅，简洁又不失神韵（图 2-14）。

　　当你以为古人的技术不过如此时，总是会出现愈加让人啧啧称奇的器物。黑衣陶鳖形壶就是这样的器物。其形若卧伏之黑鳖，身体长圆光滑，身下四爪微伸，形成各带两个小孔的鋬系，抬着头，头顶开口成壶口，尾部有一个小小的短尾。这件器物陶土细洁纯净，壶体空腹，器壁极薄，说明当时已经具有相当先进的制陶技术。那么，这件器物是做什么用的呢？目前有两种说法：一说是吊灯，四系穿线可悬挂，腹腔内注油，开口处插灯芯；一说是壶，为盛水日用器。近年经学者研究，意见趋向于壶，因为其质地是泥制陶，经不起火烧，一烧即裂。至今尚未发现与这件良渚文化时期的鳖形陶器形制相同者。它是吴地原始社会制陶工艺的杰作，除了反映江南史前居民的渔猎生活外，还反映了当时人们在造型艺术上的审美意趣（图 2-15）。

　　对物质追求到一定境界后，就会提升到对精神文化的追求。一件距今 4000 多年的黑衣陶罐上，刻划有四个神秘的符号，似乎是吴地先人为后人探寻远古奥秘留下的蛛丝马迹。关于黑衣陶罐上这四个刻划符号的考释，学术界众说纷纭，大多数是以解读甲骨文的方法来进行考释。也有学者认为良渚文化即使出现了原始文字，它和古汉字恐怕也不会有直接的传承关系。良渚文化的主人——古越人，所用的语言是古越语，那么陶壶上这类良渚文化刻符可能是一种和古越语有关的音节文字。

图2-14　澄湖遗址出土的良渚文化刻划兽面纹灰陶罐（上）
图2-15　澄湖遗址出土的良渚文化黑衣陶鬶形壶（下）

图2-16　澄湖遗址出土的良渚文化
黑衣陶刻符贯耳罐

综上所述，良渚文化的刻符虽与汉字没有直接的传承关系，但应属良渚文化时期的古文字，与巴蜀文字一样是汉字的先行形态，足以证明太湖地区也是中华文明的发源地（图2-16）。

　　春秋战国时期，吴国的实力愈加强大。一个非常重要的问题是——吴国是如何建立的呢？《史记·吴太伯世家》记载：春秋吴国的始祖吴太伯因为要将王位谦让给自己的少弟季历，自愿文身断发，漂泊东南，受到了当地原住民的拥戴，最终建立了吴国。吴国是南下的周人与江南的原住民结合后共同建立的国家。在展厅内我们可以看到吴国历史上的一些重要事件和吴人的迁徙之路。从芜湖到马鞍山再到镇

江、常州，吴国的疆域向长江下游发展，再从宁镇地区向南方扩张，在漫长的历史里一步步迁徙到了现今的苏州城。

春秋战国时期是征战频仍的年代，军事的需要推动了兵器铸造的发展。吴国和越国的地势都不适合车战，步兵较多，剑这种短兵器的使用量很大。因此吴越地区铸剑的水平远远超过中原地区，有很多世人称羡的名剑，各诸侯国也以得到吴越的宝剑为荣。《周礼·冬官考工记》载："郑之刀，宋之斤，鲁之削，吴粤（越）之剑，迁乎其地而弗能为良，地气然也。"今人利用现代科学技术，对东周时期的吴越青铜剑进行分析，结果表明，青铜剑的主要成分有铜、锡、铝、铁、硫，其剑脊含铜多，韧性好而不易折断；刃部含锡高因而锋利，并经二次浇铸完成，属复合金属工艺。这是古人在冶金工艺方面的重要创造（图2-17）。

图2-17　东周青铜剑

图2-18 玉敛葬饰件及真山大墓模型展示

　　真山大墓位于苏州浒关，从封土规格和出土器物来看，墓的年代为春秋中晚期，墓主很有可能就是第一代吴王寿梦。

　　吴中博物馆展示的玉敛葬饰件（复制品）原件出土于真山春秋时期吴国王室墓。据考古专家研究，这组玉饰是被缝制在丝织物上后作覆盖尸体随葬之用。因为古人认为用玉包裹尸体，能令尸身长久不腐。这种玉敛葬也被认为是汉代金缕玉衣的雏形。当年下葬的丝织物早已腐烂，我们目前所看见的摆放形式，是专家根据出土位置和推测复原而成的。这组玉敛葬饰件由玉面饰、珠襦、玉甲、玉阳具饰组成（图2-18）。

　　玉面饰覆盖在墓主人脸部。虎形玉饰代表双眉，老虎造型形象生动，呈卧伏欲扑状。较小的拱形饰代表双眼，较大的拱形饰代表鼻子。玉瑗代表面颊。玉玲呈长方形，两端装饰兽面纹，代表嘴部。

珠襦部分是覆盖在墓主人胸部位置的，由红色的玛瑙管、绿色的绿松石珠、乳白色的玛瑙及无色透明的水晶珠组合而成。

玉甲是用来覆盖墓主人腰部以下的位置，由牌形玉饰片组合而成，属于下衣部分。

而最下方的玉阳具饰是由三组玉饰组成的，表明墓主人为男性。每组由两件瓦状玉饰件组成，拱面为精致的浅浮雕兽面纹。玉阳具饰是中华民族男根崇拜也就是祖先崇拜的具体表现。

玉面饰、玉甲片、玉阳具饰均刻有纹饰，线条流畅，十分精美，也显示了春秋时期吴地先民精湛的制玉工艺。

在真山大墓的模型旁边，还有一个大的沙盘，这是对春秋木渎古城的展示（图 2-19）。木渎古城遗址位于苏州市木渎镇与胥口镇之间的山间盆地内，遗址东北侧、西侧、南侧均群山环绕，西南侧通过胥口与太湖连通，湖山环抱，地理位置优越。2010 年，中国社会科学院考古研究所与苏州市考古研究所联合开展了苏州古城调查、发掘与研究的考古项目，发现了木渎古城遗址，结合周边遗存，初步判断其为春秋晚期具有都邑性质的大型城址。2010 年，苏州木渎古城遗址入选年度全国十大考古新发现。

严山位于苏州城西 20 千米的吴县通安镇（今虎丘区通安镇），西距太湖 4 千米，海拔 22.5 米，是太湖东部沿岸的低矮丘陵区。1986 年，严山在矿石开采时发现大量玉器，吴县文管会随即派出工作人员进行了抢救性清理与征集回收。

在深约 10 厘米的土坑中发现玉石器，坑呈长约 2 米、宽约 1.5 米的长方形。经过清理与征集回收的玉石器共 402 件，既包括璧、瑗、璜、琮、环等礼器，也有佩、镯、珑、觿、管、珠等装饰品（图 2-20）。

根据出土地点分析，该处是墓葬的可能性较小；又因未伴随出土青铜器和陶器等其他遗物，最终被认为是一处玉器窖藏。根据玉器的形制与纹饰，判断这批窖藏玉器为春秋晚期的吴国宫廷用玉。

图2-19　春秋木渎古城展示区

　　例如这对虎形玉饰形制、大小相同，玉色灰白夹黑。扁平，厚薄不均。虎作伏卧状，头微昂，有一小孔，似为目。腹下四足屈蹲，卷尾高翘，背脊琢出扉棱。正面以减地斜切手法阴刻蟠虺纹，填以羽状细划纹，反面留有直线锯痕四道。玉饰通体长 11.9 厘米，宽 3.8 厘米，厚 0.1—0.3 厘米。1986 年苏州通安严山春秋吴国玉器窖藏出土。这对虎形配饰能合为一体。观察反面的锯痕，应为对一块玉料切割琢刻，再从中间锯开，成为两只头向相对的猛虎。从整体上看，这种造型手法已经摆脱了商代玉器威严神秘的造型规律，而具有生动活泼的特点（图2-21）。

　　接下来这件鹦鹉首拱形玉饰更是吴中博物馆的镇馆之宝之一。它断为两半，经黏合复原。玉色淡绿。器作拱形瓦状，剖面为弧形，弧长接近半圆。两端琢出对称的鹦鹉首，高肉冠，钩喙，头部两边各有直径 0.4 厘米的穿孔，似为目。头部以细绳纹框边，颈与器体相连。器表以"田"形阴刻线分隔成四部分，内填蟠虺纹和羽状细花纹。器里无纹，有蜡质光泽。弧长 8.4 厘米，宽 3.0 厘米，厚 0.5 厘米。这

图2-20　严山玉器（上）
图2-21　春秋时期虎形玉饰（下）

图2-22　春秋时期鹦鹉首拱形玉饰

件鹦鹉首拱形玉饰应当是由筒瓦形的坯料加工而成的。其特点是突出钩喙、肉冠及眼睛，且比例加大，用夸张的手法突出动物局部特征，进行概括和创造（图2-22）。正是这类玉器独特的造型风格，凸显出南方吴国不同的文化风貌。

春秋中晚期，吴、楚、越三国争霸东南，频繁的战争客观上也带来了文化的交流，丰富了吴文化的内涵。这一时期，吴越"习俗同，言语通"，在墓葬形式上表现出相似性；吴伐楚，吴中出土的青铜器上带有明显的楚式特征；勾践灭吴后，吴中先后为越和楚占领，战国时期的吴文化呈现出楚文化的特征，太湖地区的地域文化逐步融入华夏文明之中。

图2-23　春秋时期楚途盉（上）
图2-24　战国时期古琴（下）

　　盉是一种盛酒器，是古人用来温酒或者调和酒、水的器具。图中这件楚途盉主要以蟠虺纹和立体夔龙为装饰题材，制作十分精美。前有短曲形龙首流，龙首头顶铸出扉棱作鬣；后有扉棱状尾饰，上面满饰蟠虺纹。盉的提梁也做成了栩栩如生的夔龙形，龙首双目圆睁，后端尾羽上卷。盉的肩部有八字篆书铭文"楚叔之孙途为之盉"，表明这是一件楚国贵族的用器。春秋时期，青铜器作为统治阶级的重器，在造型、纹饰的设计和铸造上更追求华贵，这件楚途盉就是一个最好的例证（图2-23）。

　　这件战国时期的古琴是一件极其珍贵的文物，同样是吴中博物馆的镇馆之宝（图2-24）。该古琴形似平底独木船，通长132.8厘米，为楸枫类整木斫制，木质坚硬。面板无存，首部呈方形，刻凿有长方形弦槽，槽底钻有12个透孔，首部弦槽缺损一块，尾部山字形凸起，一角残断，枘槽内略残缺。首部弧高约为1.1厘米，尾部弧高约1.65厘米。琴身髹黑漆，剥落严重，仅首尾留存。该件古琴具有明确的出土地点和断代依据，为我国目前发现的为数不多的先秦时期琴的实物之一，具有重要的科学研究价值，是珍贵的国家一级文物。

二、吴地遗珍　精致雅正

　　"雅正"，是吴文化的精髓。不偏倚、不过度，以文质彬彬为追求。"吴雅"展厅所展出的便是一批极为典型的代表吴地风雅的文物，包括精品铜器、陶瓷器和玉器杂项。让我们一起感受吴中地区文物中所蕴藏的雅正之意，以雅物见证吴地的

图2-25　"吴雅"展厅

灿烂历史（图2-25至图2-27）。

　　第一部分是"镜鉴泉货"。古人称镜为鉴，称钱币为泉或货。这两者也是传世量最大、最为常见的铜器。铜器在历史上被广泛地用于生活、生产、军事等，既能用作武器，也能用作礼器和日用器（图2-28、图2-29）。

　　接下来看到的是这件唐代双鸾瑞兽纹铜镜。唐代诗人李贺曾写过"双鸾开镜秋水光，解鬟临镜立象床"，说的就是铜镜上的双鸾纹勾起了美丽女子的情思遐想。这枚铜镜呈八瓣菱花形，纹饰分为内外两区，外区分饰八组飞鸟、蝴蝶、花草纹，内区为双鸾瑞兽纹，中间夹缠枝莲花纹。层次分明，构成了一幅格调优雅的图案（图2-30）。

　　在制镜史上，唐代是继汉代之后的又一个高峰。铜镜是由铜锡合金铸造的，唐代制镜中增加了锡的比重，使得制成的铜镜更加净白光亮。铜镜的造型也打破了传统的方、圆形式，又创新出了八瓣菱花形、八瓣葵花形、亚字形、八棱形等多种。图案题材更是多种多样，包括花鸟虫草、神话传说、历史故事及社

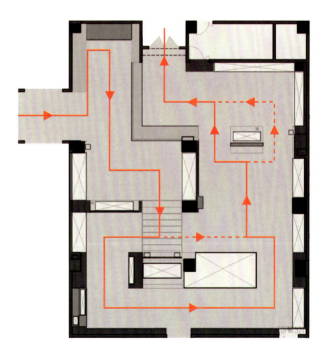

图2-26　"吴雅"展厅平面布置（上）

图2-27　"吴雅"展厅观众动线（下）

图2-28 "镜鉴泉货"展厅一（上）
图2-29 "镜鉴泉货"展厅二（下）

图2-30 唐代双鸾瑞兽纹铜镜

会生活等。其中最常见的就是海兽葡萄纹，"海兽"多数是从西域传入的良种马和狮子，葡萄也是由西域传来的，蔓延的枝条和丰硕果实象征着"富贵长寿"。这种纹饰结合了中西文化的特点，深受人们喜爱。

　　吴地风土与吴地审美、吴地发达的经济与开放的思想，造就并传播了吴地陶瓷艺术。从新石器时代的良渚陶器，到六朝青瓷、唐代三彩、五代秘色瓷，乃至达到陶瓷史上高峰的南宋官窑、元代青花以及明清以降蔚为大观的瓷器门类，它们或产自吴地，或于吴地传播和流转，抑或是被吴地士庶传家。吴地长物数量庞大，跨越古今。

图2-31　"吴雅"展厅中心展柜

　　这是"吴雅"展厅中最大也是最重要的一个展柜,按照时间顺序依次展示吴中博物馆馆藏的从新石器时代至元明时期的精品文物,并且在背板上呈现文物出土的遗址信息（图2-31）。

（一）秦汉时期

　　西塘河遗址属于战国至汉代的文化遗存,位于吴中区长桥街道西塘河沿岸,1973年在水利工程中发现古井300余座。同年,南京博物院和吴县文管会对其进行发掘清理。俑又被称作"偶"或"偶人",是中国古代墓葬中一种模拟人像的随葬品,其主要功能是侍奉和拱卫墓主人（图2-32）,不过也有学者认为俑

图2-32　西塘河遗址出土的西汉木俑

在早期阶段是用于侍奉镇墓兽的。关于木俑出现的原因，比较流行的观点认为木俑是因代替人殉制度而出现的。楚墓随葬木俑始于春秋晚期，流行于战国中晚期，一般出土于士墓及士以上等级的楚贵族墓中。

（二）两晋南北朝时期

三吴是东晋至南朝最为重要的地理区域，通常指吴郡、吴兴、会稽三郡，吴郡为三吴的核心。自孙吴立国、晋室南渡以来，三吴社会经济得到了较大规模的开发，生产有了很大发展，吴郡以其繁荣富庶而被誉为"衣冠人物，千载一时"的"天下名都"。这时期三吴地区的士族政治经济势力迅速膨胀，所谓"地广野丰，民勤本业，一岁或稔，则数郡忘饥"。

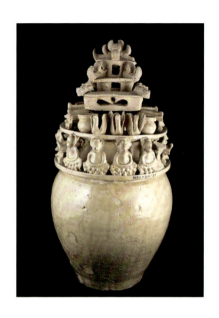

图2-33　西晋青釉瓷楼阁式堆塑罐

以狮子山傅氏家族墓、张陵山张氏墓群为代表的该时期吴中墓葬，不仅构造别致、规模宏大，更值得一提的是随葬器物中品类繁多的青瓷器，釉色纹饰精美、形态造型生动的越窑青瓷反映了吴地之富饶。墓主人多为吴地大姓望族的情况，同样与当时中原门阀躲避战乱而南迁至吴的历史相互印证。

关于堆塑瓶的产生，学界的主流观点认为其是从东汉的五联罐发展而来的。早期的五联罐，上部堆塑的五罐层次分明，中间的罐较高大，周围环绕的四罐较小，颈部一般刻有弦纹数周，没有其他动物和人物堆塑，罐体装饰单一，腹壁基本为素面。三国时期以后，五联罐逐渐演变为谷仓罐，造型特点为中部有一大罐，肩部或周边附堆起四个小罐或壶，器身堆塑各种瑞兽飞禽。谷仓罐也反映了农耕民族以谷祭魂，以谷引魂、安魂的原始灵魂观念。到西晋初期，随着制作工艺的不断发展，堆塑罐上部的五个小罐逐渐被亭台楼阁、动物及人物的形象淹没，堆塑形象繁复而生动（图2-33）。

（三）隋唐时期

隋唐统一时期，国家的政治中心再次回到中原，大运河的开凿，沟通了江淮与中原，有力地促进了经济的发展。苏南浙北的三吴地区尤其受益于此。苏州由于经济地位的不断提高，唐初由上州升为紧州，大历十三年（778）又升为江南唯一的雄州。

吴中地区少见隋唐时期的大中型墓葬。经过发掘的小型墓葬大多呈船形，随葬品以十二生肖陶俑、青瓷器为特色，偶有小型三彩器出土。

我们熟悉的唐三彩并非瓷器，而是低温的铅釉陶器。在唐代，三彩主要用于陪葬和室内装饰，生活用器中很少见，这与当时的厚葬之风是有直接关系的。唐代国力雄厚，经济发达，统治阶级极尽奢华，有厚葬之风。正因如此，人们大量以唐三彩陪葬，并相互攀比炫耀，客观上也促成了唐三彩的发展壮大。唐三彩的制作工艺十分复杂。开采来的矿土经过挑选、舂捣、淘洗、沉淀、晾干后，用模具做成胎入窑烧制。唐三彩的烧制采用的是二次烧成法，在窑内经过 1000—1100℃ 的素烧，冷却后，再于胎上绘以各种釉料，入窑进行釉烧，其烧成温度为 850—950℃。在釉色上，各种氧化金属为呈色剂，经煅烧后呈现出各种色彩（图 2-34）。

（四）五代吴越国时期

五代时，太湖地区大部分为建都杭州的吴越国所统治。吴越国是五代十国时期的十国之一，由钱镠在后梁开平元年（907）所建，都城为钱塘（今杭州），吴越国历三代五王，至宋太平兴国三年（978）纳土归宋，历时近百年。

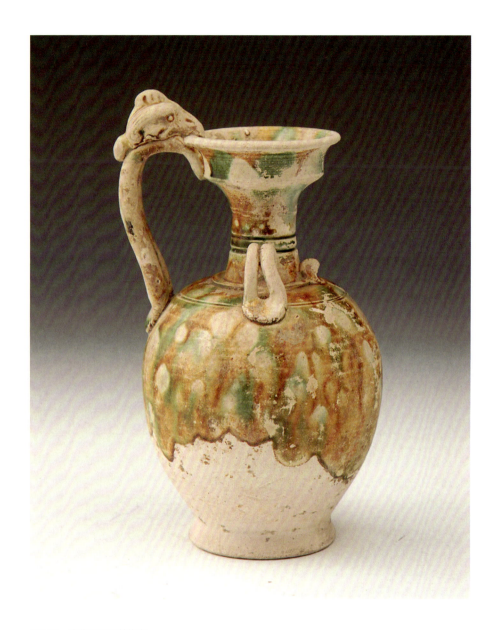

图2-34　唐代三彩凤首执壶

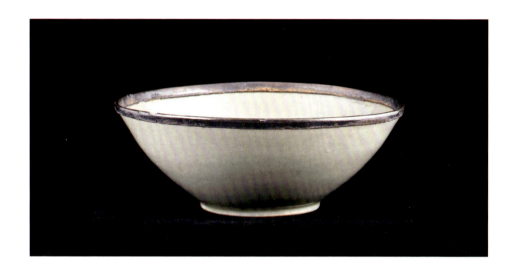

图2-35　五代越窑秘色瓷金口碗

　　图中这件秘色瓷口沿镶金扣，底面有支钉痕（图2-35）。整器施湖水绿釉，釉层腴润，有玉质感。秘色瓷是越窑烧制的一种薄胎质密、施釉均匀、釉色青翠的精致青瓷，始烧于唐，盛行于五代和北宋初期。1987年陕西扶风法门寺塔地宫出土了14件越窑青瓷，在同时出土的《衣物帐》上，记载了唐咸通十五年（874）地宫封闭的情况以及秘色瓷的种类和数量。另外地宫中室出土的一件八棱净水瓶，从胎质和釉色上看，也应属于秘色瓷。法门寺地宫出土的秘色瓷及《衣物帐》的记载揭开了秘色瓷的神秘面纱。

　　这件秘色瓷碗口沿镶金扣，是当时较为贵重之物。吴越国曾多次向宋王朝进贡秘色瓷扣器，根据《宋史》记载，太平兴国年间曾一次向北宋进贡了500件金银扣器。可见金银扣的工艺在此地也非常发达。这件越窑秘色瓷金口碗胎壁较薄，造型规整，胎釉结合紧密，是秘色瓷碗中的精品。

（五）宋元时期

北宋政和三年（1113），升苏州为平江府，以吴县、长洲县两县为治所。宋徽宗用朱勔，兴"花石纲"，苏州颇受其害。不过，吴地经济在五代、北宋的基础上，亦有所发展。南宋建炎四年（1130），金完颜宗弼军陷平江，掳掠焚城，是为五代初年以后苏城遭遇的唯一兵祸，破坏极为严重。

南宋立国江南，将相士大夫多喜卜居吴中。例如，名将韩世忠的住宅即旧为北宋诗人苏舜钦所有的沧浪亭，又如范成大之于石湖，史正志之万卷堂，均为著例。南宋之时，苏杭富庶实甲于天下。范成大在《吴郡志》中谓："谚曰：天上天堂，地下苏杭。"又曰："苏湖熟，天下足。"

元改平江府为平江路。元末，张士诚取平江，改称隆平府，居此11年。元至正二十七年（1367），朱元璋军破苏州，围攻近一年，战祸亦不轻。

此处展示的釉里红和青花同为釉下彩瓷器，烧造原理与方法也近似。是在素胎上绘制花纹后施一层透明釉，入窑在高温还原焰中一次烧造而成的。不同之处在于，釉里红是以铜红料为发色原料。这种铜红料在高温下易挥发，制作时对窑炉的温度控制要求极高，因此烧造难度非常大。这一件元代釉里红云龙纹盖罐，器型和纹饰都称得上是元代釉里红器的佼佼者，可谓是名副其实的"国宝"（图2-36）。

（六）明清时期

明初，吴地处于沉寂恢复阶段，直到15世纪后期才开始其繁华之旅。晚明以后，随着全国市场的发展，得益于优越的商业中心地位，吴中开始以发达的商业和手工业名扬天下。

图2-36　元代釉里红云龙纹盖罐

清朝前期，吴地中心区已是全国经济文化最为发达的地区。康熙时人沈寓的《治苏》云："东南财赋，姑苏最重；东南水利，姑苏最要；东南人士，姑苏最盛。"清朝的吴地中心区域，是少数几个云集全国乃至外洋货物的商品中心之一。巨大的海内外市场进一步促进了以吴中地区为中心的江南地区商品经济的发展，并诱发了资本主义的萌芽。

图中这件瓷器是明宣德时期景德镇官窑所出，沿袭了元末明初的式样（图2-37）。盘心绘一束莲主题纹饰，内外口沿下饰卷草纹，内外壁绘缠枝牡丹菊花纹。使用青料为进口钴料"苏麻离青"，青花色泽浓艳，并夹有闪烁着金属光泽的黑色斑点，即铁锈斑，局部由于用料过浓或温度过高，青花晕散，具有较强烈的质感。整器硕大，造型规整，以束莲纹为主体纹样，构图简洁，主题鲜明，且发色浓艳，属明宣

图2-37　明代青花束莲纹盘

德官窑器中的精品。

　　吴地素来能工巧匠辈出。尤其自六朝以来，江南经济大发展，特殊的地理环境和历次中原衣冠的南渡，使吴地人文荟萃，至明清独冠中华。"陆子冈之治玉，鲍天成之治犀……俱可上下百年，保无敌手。"以吴地视角考察中国古代工艺的辉煌成就，看到的既是江南繁荣的商品经济，更是吴地卓绝的人文成就。

　　图中这件元代朱碧山银槎杯是吴中博物馆"镇馆之宝"之一（图2-38）。同

图2-38　元代朱碧山银槎杯

形制器物在全世界共发现四件，除吴中博物馆藏的这件外，一件藏北京故宫博物院（清宫旧藏）；一件藏台北故宫博物院；还有一件，1860年英法联军入京火烧圆明园时，被英国将军毕多夫盗走，现为美国克利夫兰博物馆收藏。

    朱碧山，字华玉，元嘉兴路嘉兴县人，为元代木渎著名银工。银槎杯既是实用酒具，更是一件精美绝伦的艺术品。他以仙人乘槎、卧游银河的神话故事为题材，将银酒杯巧制成树槎形的一叶扁舟，背部阴文刻有"至正乙酉朱碧山造"款识。把酒具制成槎形，是朱碧山所创，而且传世作品数量极少。这件作品整体运用了镂刻、焊接、圆雕、浮雕等多种技法，制作工艺体现了吴中银作技艺与工匠水平的巅峰，堪称当之无愧的吴地瑰宝。

三、山水滋养　四时吴风

风者，由自然而入民情。吴中山水滋养，物阜民丰，一直以来都是安居乐业之所。山水风景不只能娱目养心，太湖、洞庭山、东山、西山无疑也是盛世繁滋的物质条件和基础；风物既是自然山水、草木果蔬、鱼虾鸟虫，又是能工巧匠用针线、刻刀、斧凿和锯刨在山水和人世间留下的最为难得的风貌与记忆。风俗不仅仅是遗产和名录，更是生民相互认同的生活方式与生活态度。

"吴风"展厅是一个非常具有互动性和体验感的展厅，通过构筑一个吴中山水景观的大环境，我们可以"浸入式体验"四时的吴中山水、市镇与物产，更直观地感受和了解吴中的山水风景、风物特色和风俗人情（图 2-39 至图 2-41）。

"山水华滋""吴地风物"两部分为独立的展示空间，我们没有做传统的线性路径形式展览，而是利用展厅的四周背景墙、展厅装饰、展厅空间，构筑起吴地山水风物大环境。环形背景墙以手绘画卷的形式平面地描绘吴中山水、人文与物产，画卷中又嵌入多媒体装置、实物标本、模型等展项，用立体、多维度的组合对吴地风物进行阐释。展厅中设置单独的中岛式展示区与立体模型，以主题展项的形式展示吴地四时物产，补充阐释吴地风物。

图2-39 "吴风"展厅

　　太湖是怎样形成的呢？目前学界有潟湖成因、构造成因、河流堰塞形成等多种说法，还没有达成一个统一的定论。这里我们可以看到一个太湖的地层剖面模型，以及太湖中发现的古脊椎动物骨骼化石、各年代古文化遗址遗存。可以确定的是，我们如今所见到的太湖概貌，包括水域、水深、形状等水文环境，在距今四五千年前就已基本成形了。

　　山水吴中孕育了丰富的地方特产，也是吴中人讲究"不时不食"的原因所在。一年四季里食时令物产、赏季候胜景，成了吴中人的生活日常。

　　春生万物，正是碧螺春茶上市的时节。品一杯新茗，田地中的马兰头、枸杞头、荠菜等野菜也成了吴中人盘中的美食。"桃花流水鳜鱼肥"，春天的鳜鱼最为肥美，是苏州名菜"松鼠鳜鱼"的绝佳食材。在这里按下按钮，就可以嗅到五月橙花清新

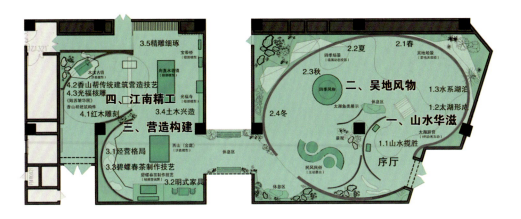

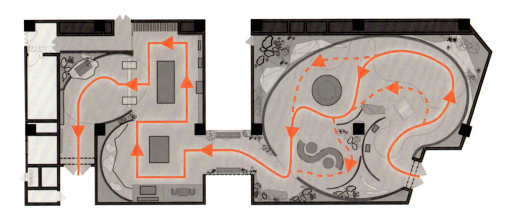

图2-40　"吴风"展厅平面布局（上）
图2-41　"吴风"展厅观众动线（下）

图2-42 碧螺春与中草药展区

　　的香气，也是朝气蓬勃的春天的味道（图2-42）。

　　夏日炎炎，各种吴地水果解渴也解馋。新夏食樱桃、光福紫杨梅、东西山枇杷，皆酸甜可口。行至太湖边，既可以赏荷花、剥莲子，又能品尝"太湖三白"。白鱼清蒸，白虾白灼，银鱼剔透辅莼菜为羹，着实还原了湖鲜的本味。

　　秋风起，蟹脚痒。吴地的太湖蟹和阳澄湖蟹可以说是大名鼎鼎，秋日必食。秋日也是果木飘香的季节，洞庭橘子红，光福桂花香，还有银杏、栗子、葡萄等秋日果实纷纷挂满枝头。此外还有江南特有的"水八仙"，它是指八味水生植物，分属四季，以秋日的时鲜最多：初秋可以食塘藕、菱角，中秋有芡实，秋日皆可品茭白。其中，惹得西晋吴中名士张翰归乡的，就是菰菜（茭白）、莼羹（莼菜）、鲈鱼脍（图2-43）。

图2-43 "吴风"展厅秋季风物展示（上）
图2-44 "吴风"展厅环幕影院（下）

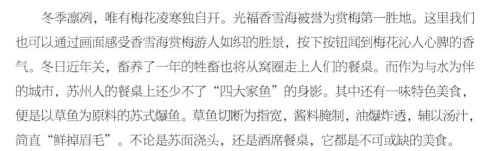

　　冬季凛冽，唯有梅花凌寒独自开。光福香雪海被誉为赏梅第一胜地。这里我们也可以通过画面感受香雪海赏梅游人如织的胜景，按下按钮闻到梅花沁人心脾的香气。冬日近年关，畜养了一年的牲畜也将从窝圈走上人们的餐桌。而作为与水为伴的城市，苏州人的餐桌上还少不了"四大家鱼"的身影。其中还有一味特色美食，便是以草鱼为原料的苏式爆鱼。草鱼切断为指宽，酱料腌制，油爆炸透，辅以汤汁，简直"鲜掉眉毛"。不论是苏面浇头，还是酒席餐桌，它都是不可或缺的美食。

　　吴中的秀丽山水和丰饶物产，都离不开太湖的滋养。太湖三万六千顷，吴中坐拥其十之六七的水域；太湖七十二峰，吴中揽胜其中五十八峰。"万顷碧波一望收"的太湖，赋予了吴地山水灵魂。这里我们可以通过VR动画"泛舟湖上"，欣赏到吴中四时绝美风景（图2-44）。

　　如果说苏州风物体现了吴地人民的生活态度，那村镇聚落的营造构建，则蕴含着吴人的观念和匠心。苏州市现存的古乡镇与村落，多数都分布在吴中范围内，包括甪直、木渎、东山、金庭、光福等，它们不仅是浓缩的历史，更是如今依然鲜活的吴地生活所在。

　　这里我们可以看到几个代表性古镇的微缩模型（图2-45）。东山、西山处于太湖之中，三面环水，明清时期大批商贾在此广置土地、建造宅第。所以东山、西山的民居大部分都是高墙深院，形成封闭的结构。而甪直、木渎等地因为地处太湖平原，镇内河道较多，所以镇中建筑大多依水而建，粉墙黛瓦，是典型"小桥流水人家"的江南风貌。我们看到甪直镇的模型里有非常多的桥，贴水成街、因水就市。在旧时全镇共有古桥72座，现今存41座，故又被称为"古桥之乡"。

　　古镇古村，自然留下了数量众多的古建筑。从吴地寺庙到吴地民居，从古桥园林到吴地祠堂，吴中地区的古建筑品类多，历史也悠久。北宋至民国各个历史年代的吴地建筑，几乎都能在吴中找到典型范例。这里我们可以看到吴地寺庙、吴地民居和祠堂的微缩模型。吴地建筑有一个十分明显的特点：讲究装饰。从门楼到厅堂，梁柱到窗框，往往都是木雕、砖雕、石雕相结合。装饰图案种类多样，内容多取材

图2-45 "吴风"展厅古镇模型

于戏曲故事、花鸟走兽、吉祥图案，技法应用透雕、浮雕和线刻等，细致生动（图2-46）。

如果说细节处的雕琢是吴人追求完美的体现，那当这份执着被带到苏式生活的每一个角落，与工匠们的技艺交相融合，便产生了所谓"苏作天工"，这也是对吴地匠人精神的最好证明。

说起苏作的缘起，是宋室南渡临安（今杭州），间接刺激和带动了相距不远的苏州建筑工艺发展，逐渐在此地形成官宦文化、士人文化和市民文化雅俗相生的苏式特征，苏作特色风格也由此形成。直至明清，苏作工艺进入全盛时期，

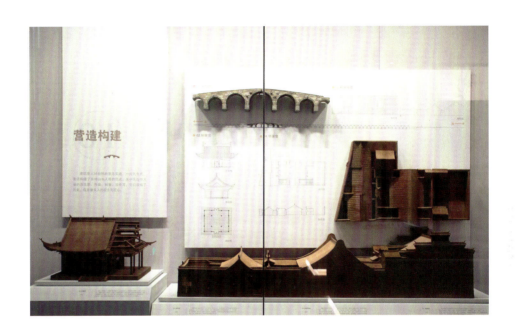

图2-46　"吴风"展厅"营造构建"展项

共产生了 22 个大类，超过 3500 个品种。品类不断细化，技艺全面成熟。

　　吴中又是其中最精致的手工艺品的出产地，各种工艺都在此处最称工巧，可谓是百工中的百工。这里展示的就是传承至今的吴地工艺。有蜚声中外的"香山帮"传统建筑营造技艺，独到的碧螺春茶制作技艺，结构严谨、线条流畅的明式家具，被誉为"鬼工"的光福核雕，还有澄泥石刻、苏绣缂丝、苏派盆景等，都被载入了非物质文化遗产名录。

四、吴语侬侬　雅颂传承

　　吴语、吴音、吴乐，是化不开的江南意象；吴中地区，轻咏着古今人物与地域的牢固羁绊。语言与人物，讲述的都是吴中故事、吴地先贤。这个展厅分为"吴语侬侬""吴地先贤""雅颂传承"三部分（图2-47至图2-49）。

　　"吴语侬侬"所讲述的是一方生民的故事，描述的是江南的意象，传习的是先贤的诗词文章，颂扬的是吴地山水人物所构建的文化大观。

　　吴语的核心区域——吴语太湖片——是吴语中影响力最大的一支，也是吴语最大的一个方言片。吴语太湖片以太湖为中心区，分为毗陵、苏沪嘉、苕溪、杭州、临绍、甬江等六小片，分布在苏南、浙北、上海的广大地区。

　　赵元任于20世纪20年代主持吴语方言调查，其草创之艰难不仅体现在交通、器械等条件之匮乏，更在于社会环境之困难。广义的吴语区域包括江苏的东南部和浙江的东北大半部，赵元任与助教选取了当时江苏、上海、浙江的33个方言点进行实地调查，开启了中国现代方言调查的先河（图2-50）。

　　中国现代的歌谣搜集与研究发端于鲁迅、周作人。最早的吴歌集则是由刘复编撰并于1919年出版的《江阴船歌》。1920年，顾颉刚编写了《吴歈集录》，后改编为《吴歌甲集》。1926年，《吴歌甲集》由北京大学歌谣研究会出版，是现代较早的吴歌集。顾颉刚对吴歌的兴趣，是因为他在收集吴歌的过程中，看到了歌谣的形式和意义的变化现象而产生的（图2-51）。顾颉刚对吴歌历史的研究做出了卓越的贡献。其后来的论著《吴歌小史》，从战国的吴歈越吟一直叙述到近代铺陈景致的民歌。

　　苏州评弹是苏州评话和苏州弹词的总称，是采用吴语徒口讲说表演的传统曲艺说书戏剧形式。它产生并流行于苏州，以及江、浙、沪其他地区。

图2-47 "吴颂"展厅

苏州评话源于宋代说话技艺。"弹词"一词，"远出陶真，近源词话"。关于"陶真"，《西湖游览志余》记："杭州男女瞽者，多学琵琶，唱古今小说、平话，以觅衣食，谓之陶真。"据考证，陶真和弹词同是用七言诗赞的讲唱文学，两者只有名称差异。

评话通常由一人登台开讲；弹词则由两人说唱，上手持三弦，下手抱琵琶，边弹边唱。苏州评弹大致可分三大流派：陈（遇乾）调、马（如飞）调、俞（秀山）调。经百余年的发展，又不断出现继承这三位名家风格，且又有创造发展、自成一家的新流派，发展繁衍形成了苏州评弹流派唱腔千姿百态的兴旺景象。

走过"考古探吴中""风雅颂吴中"，仿佛走过江南的风雨岁月，我们在吴中博物馆里与文物邂逅，与文化相拥。吴中博物馆的基本陈列给人以精致、精巧的强烈印象，而在接下来的内容中，我们将带领读者一同回看建馆岁月，一同见证一座博物馆以及一个展览的诞生。

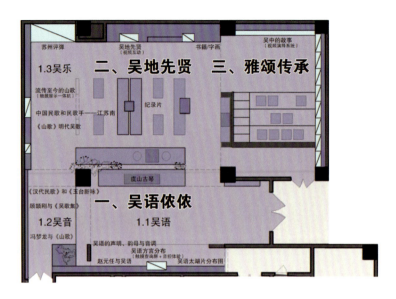

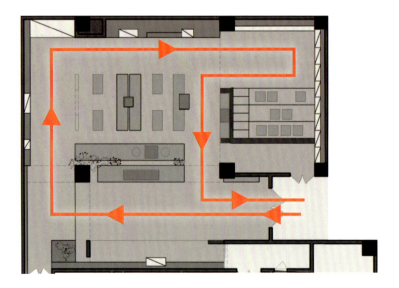

图2-48 "吴颂"展厅平面布局（上）
图2-49 "吴颂"展厅观众动线（下）

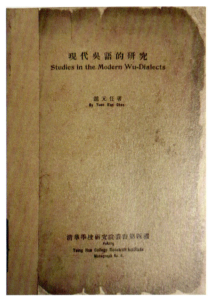

图2-50 　《现代吴语的研究》书影（上）
图2-51 　《吴歌甲集》《山歌》书影（下）

風雅江南

Elegance of
Jiangnan

一切为了更好地阐释

自吴中博物馆 2020 年 6 月 28 日开馆，基本陈列"考古探吴中""风雅颂吴中"便受到各界关注和赞誉，精致、精巧、精雅是很多人对它的评价。学术为基，深挖内涵，注重阐释，形式丰富，是吴中博物馆在策划整个基本陈列过程中坚持的最基本原则，这样的坚持最终也得到了观众的认可，引发了积极的社会反响。

吴中博物馆基本陈列是同吴中博物馆本身一起从零开始的展览，从 2013 年至 2020 年，曲折反复，历经 7 年，终于建成开放。这期间的艰辛、努力、思索在博物馆开放的时刻全部化成一股力量、一种成就感，持续不断地鼓舞着吴中博物馆的整个团队。

对整个制作基本陈列的过程的回顾，既是一次工作复盘，也是一场思维瞭望，不论是对于读者，还是对于博物馆工作者，都有着积极的价值和意义。接下来，我们将和读者一起，从吴中博物馆的建设，展览的内容策划、形式设计以及施工落地等层面，沉入造馆与做展的全过程，一起回望关于一座博物馆与一个展览的诞生。

一、缘起·第一件展品

有人说，博物馆的第一件展品就是博物馆本身。吴中博物馆从无到有，其自身的定位目标及运营思路与基本陈列紧密相连。

（一）定位——高水平、有特色的文化综合体

什么是博物馆？

1946 年国际博物馆协会的定义是："博物馆是指向公众开放的美术、工艺、科学、历史以及考古学藏品的机构，也包括动物园和植物园，但是图书馆如无常设陈列室者则除外。"2022 年调整为："博物馆是为社会服务的非营利性常设机构，它研究、收藏、保护、阐释和展示物质与非物质遗产。向公众开放，具有可及性和包容性，促进多样性和可持续性。博物馆以符合道德且专业的方式进行运营和交流，并在社区的参与下，为教育、欣赏、深思和知识共享提供多种体验。"定义与时俱进，博物馆的社会属性和人文特质愈发突出。

收藏、研究文物的机构如何逐步成为城市文化广场、社区文化活动的承担者？吴中博物馆用自己的行动给出答案。

在撰写内容文本之前，编撰小组对苏州市、吴中区的整体情况进行了大量且充分的调研工作，明确了未来博物馆的定位及文化意义。

吴中位于苏州主城区的南部，经济发达，交通便捷，下辖国家级太湖旅游度假区、国家级经济技术开发区。吴中博物馆的建设对于完善苏州文旅事业的布局，提高苏州的文物工作水平有着重要的意义。据 2022 年统计数据，吴中常住人口 138.9 万人，

市民对于文化的改良型、提高性需求和稀缺的高水平文化设施以及内容供给之间的矛盾十分突出。按照"山水苏州，人文吴中"的目标，通过吴中博物馆这个重点公共文化设施的建设，打造苏州的城市客厅、区域性的公民学习和休闲的空间，对于满足公众文化需求，带动吴中的旅游经济和创意产业发展都有着重要意义。

苏州地区目前已拥有以苏州博物馆为代表的数量众多的博物馆，人均拥有博物馆、美术馆数量在全国均属于前列。但也存在着一些问题，主要体现为地域分布和规模上的不平衡性。首先，大部分博物馆均位于主城区，规模上苏州博物馆一家独大，其他博物馆则较小。其次，绝大多数博物馆为专题性博物馆，这就导致潜在受众群体面较窄，影响力和服务人群数量有限。最后，各个博物馆业务水平差距大，其中以苏州博物馆的业务水平一枝独秀，相比苏州博物馆，其他博物馆的业务水平则参差不齐。建设中的吴中博物馆应成为苏州区级综合类博物馆的标杆、未来苏州博物馆体系建设的主体，具有重要的示范意义。

综合以上因素，吴中博物馆将自己定位为"高水平、有特色的区域文化综合体"，其目的是打造"领先的吴文化展示、研究和学习平台"。"高水平"体现为较高的文化遗产研究和保护水平、阐释和展览能力、综合服务和文化影响力。"有特色"指的是以吴文化为中心，打造博物馆的核心竞争力；同时以"人文吴中、美丽太湖、诗意江南"为线索和思路，构建和开展博物馆的展览、教育、数字化、营销推广、公众服务等工作。由于苏州博物馆的存在，吴中博物馆的主要服务对象应以吴中本地观众为主，同时重点考虑中小学生的校外教育和研学，兼顾来苏游客和一些从事博物馆工作或研究博物馆的专业观众群体。"文化综合体"的意义在于吴中博物馆的定位不再仅仅是文物展示和收藏的空间，而是作为城市的客厅以及观众的学习休闲空间，其功能定位除了展览、教育等博物馆常规活动，还应该包括诗歌、音乐、舞蹈、戏剧、音视频（如艺术电影、纪录片）、数字产品等多种多样的文化体验和消费。以文化为主轴，成为区域市民所喜爱的，可亲近、可利用的交流空间。

　　明确的博物馆定位，为我们制作基本陈列以及开展后续的一系列工作指明了方向。

（二）选址——世界文化遗产中国大运河的邻居

　　明确博物馆的定位后，首先需要解决的就是博物馆建在哪里的问题。博物馆馆址选择的好坏将直接影响博物馆的建设、使用和发展。策划建造博物馆时，大家就一致认为吴中博物馆应该是一座综合性的、规模较大的博物馆，为了满足博物馆建成后的运营要求，馆址的选择应从地理位置、周边环境、人文旅游潜力、交通便捷、可持续发展等五个方面来考虑。

　　2013年下半年开始，经相关部门多方听取意见，实地踏勘，认为当时共有三块区域可作为候选馆址：一是滨湖新城地块；二是木渎春秋古城遗址地块；三是太湖旅游集散中心地块。

　　滨湖新城地块馆址的特点，是以新建城市为依托，便于规划，博物馆作为地标与新城融为一体。木渎春秋古城遗址地块馆址的特点，是以古遗址为依托，有丰厚的历史文化底蕴。太湖旅游集散中心地块馆址的特点，是以环太湖旅游为依托。

　　对于这三个地块的选择，当时也产生了很多不同的观点，有的认为滨湖新城地块的发展要等新城建成并形成一定的规模，至少还要十年左右的时间，如等新城建好后再建博物馆，势必失去现在博物馆文化发展的时代机遇。再则滨湖新城的地理位置太偏南，不能形成吴中地域的辐射圈，也很难被纳入环太湖的旅游圈，不利于可持续发展。有的观点认为木渎春秋古城遗址地块还有大量的考古发掘工作没有完成，不确定性因素较多，不利于博物馆的规划与建设。再则该区域已是城乡建成区，周边的自然生态环境已遭到很大的破坏，也大大增加了博物馆建设的成本。而太湖

图3-1 吴中博物馆外景

旅游集散中心地块依山傍湖，地域开阔，自然生态环境优美，借得太湖山水，可以营造一个"以人为本"、悠闲祥和的氛围。可以使博物馆和环太湖旅游融为一体，共生共荣，成为一个前所未有的城市地标，在苏州西南地区崛起。再则该地块地理位置适中，可以形成南抵东、西两山，北至木渎古镇，东到开发区的辐射圈，加上道路交通设施齐全，又地处太湖旅游集散中心，可以基本上满足博物馆人流量的需求，有利于博物馆的建设、开放和可持续发展。

关于到底将吴中博物馆建在何处这个问题，后续又经过多次专题会议和实地调查，各部门综合协调商议，为选择一个最为适合博物馆的地点出谋划策。因太湖旅游集散中心尚与市区中心地带有一定距离，这个地块也被否定了，团队最终将目光落在了澹台湖景区的滨水广场南侧（图3-1）。

这里是一处开阔的水域，风光秀美，东临京杭大运河，南靠步行街区，西临规划城市干道，北靠澹台湖景区。微风轻拂，碧波荡漾，相传孔子的弟子澹台灭明曾在这里结庐修学，后因时代变迁，地面陷落成湖，因此被后人命名为澹台湖，国保单位唐代千年古桥横卧其上。该区域位置较之于太湖旅游集散中心更接近城市中心，对本地观众与游客都更为友好，且根据未来规划，这片区域将被集中打造成文化创意产业集聚区域，逐渐形成相对完备的配套文化服务，吴中博物馆坐落于此，在交通便捷性、周边环境、文化资源衔接以及后续发展上都具有更明显的优势和空间。2014年5月，博物馆选址确定在此。因此，大家现在看到的吴中博物馆，就位于澹台湖畔、宝带桥旁。目前，在国家大运河文化带的相关战略指导下，原澹台湖公园经过一年的提升改造，也已经升级为大运河国家文化公园，博物馆、大运河、宝带桥……自然与人文的碰撞交叠，绘就一幅古今融合、和谐美好的未来图景。

（三）建筑——俯瞰是一个大写的"吴"字

对于一座从无到有的博物馆，最基础的便是完成馆舍建筑的硬件建设。一定意义上来说，场馆建筑是一座博物馆最大且最重要的"展品"，不仅在空间、尺寸、功能方面有着独特的要求，而且对于博物馆这种天然具有文化地标性质的公共服务性建筑设计而言，取自地方传统建筑和景观风貌，并结合时代审美进行融合创新，无疑是现代设计师们较普遍的选择。

在准备建馆之初，吴中区政府便对博物馆的整体空间、功能区域等进行了规划设计，编制了《吴中博物馆设计任务书》。任务书中明确吴中博物馆的功能定位是将历史文化和城市休闲生活相结合，并以确保文物安全为原则，整体建筑规划面积1.5万平方米，共分三层，包括地上两层，地下一层，区划布局包括藏品库区、陈列区、技术及办公用房、观众休闲服务设施。

博物馆的建设于 2014 年初列入政府实事项目，在确定了选址在澹台湖公园后，设计规划又根据新的选址及要求进行了调整，明确总用地面积 8500.7 平方米，总建筑面积约 18809 平方米。整体建筑为地上三层，地下一层。地上一至二层为展览展示空间，三层为库房和办公区。

如今观众朋友们走过千年宝带桥，穿过大运河，就可以看到立在澹台湖边的吴中博物馆。它是传统的——吴中博物馆的设计灵感正是来源于苏州的街巷和院落，从高处俯瞰，整个博物馆建筑空间类似汉字"吴"。它亦是现代的——灰白的墙体外观，简洁的轮廓线条，加上大面积的深邃玻璃幕墙和浅浅映照的池水，在镌刻苏式古典建筑记忆的同时，又充满着现代建筑的活力（图 3-2、图3-3）。

建筑的内部，按照现代博物馆的功能需求以及安全、高效、便捷、环保等原则，进行了合理的功能区域划分。展厅的中间部分设有一个宽阔的类似中国传统庭院的中庭，将不同的展厅连接在一起。中庭一侧则是一面超大落地玻璃窗，映照着远处熙攘的京杭大运河景色与悠然静谧的宝带桥。沿着中庭台阶拾级而上，是二楼展厅的入口，门前置有一组精致的园林小景，让人联想到那些坐落于苏州，典雅且秀美的传统庭院。观众在博物馆观展的同时，也能够获得在苏州园林、街巷能体验到的感受。

走入馆内，空间宽广、视野开阔（图 3-4）。博物馆的一楼主要为公众服务区及临展空间。设 2 个临时展厅，面积分别为 750 平方米和 500 平方米。教育与活动空间包括博物馆教育中心、学术报告厅等。将临展厅设置在一楼，主要考虑的是文物运输、布展、安保等工作开展的便利性。将主要活动和公共服务设施设在一楼，有利于人员进出和安保等工作的开展。面积较大的公共活动空间和临展厅既契合了"文化综合体"的定位，也顺应了现代博物馆空间配置向教育、公共服务倾斜的现实需求。二楼主要为基本陈列空间，将博物馆基本陈

图3-2　吴中博物馆夜景（上）
图3-3　吴中博物馆建筑概念设计（下）

概念生成

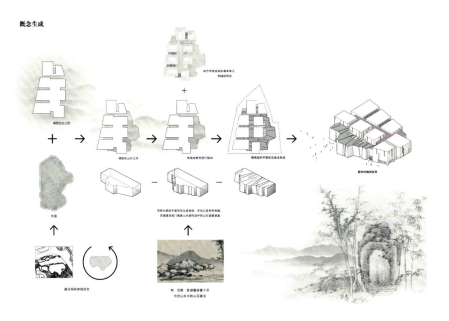

图3-4 吴中博物馆公共区域

列设置于同一楼层，既有利于展线叙事的铺陈展开，又有利于布展和安保等具体工作的开展，同时便于标识系统和整体视觉体系设计，让观众有更好的参观体验。轻食咖啡、文创商店等服务设施嵌入一、二楼的公共空间内，方便利用美丽的景观和开阔的空间，从而为观众打造出舒适及便捷的休闲体验。

二、发生·阐释开始的地方

　　展览是一个博物馆的灵魂，好的展览其实是收藏、研究和阐释能力的一种综合体现，把学术的内容编织、构建成好玩、好看、"长知识"的展陈空间需要各个环节的策划、设计和技术人员共同的努力。吴中博物馆在筹备基本陈列的内容及形式设计时，始终将阐释放在重要位置。内容策划的根本是阐释一个地区的历史文化，而形式设计则是为了更好地阐释展览内容。吴中博物馆的展览团队前后共花了 6 年时间打磨展览内容与形式，甚至一度将已经完成的策划全部推倒重来，只为能够以更准确、更合适、更专业的内容呈现吴地文化。

（一）展览的内容策划

　　吴中博物馆自获批成立后，就着手进行展览内容的策划。这是一个历经多任领导、由多个团队共同努力的成果，内容大纲的定稿不仅要依循博物馆自身的定位和目标，更要从整个城市及区域的博物馆规划综合考虑。如何讲好吴中的故事、江南的故事，但同时又能够在整个区域的博物馆事业发展中找准位置、蓄力发展，这是对所有人的考验。

1. 馆藏

　　对于博物馆的基本陈列而言，自身拥有的藏品便是展览展品最主要、最直接的来源，也是决定一个展览最终以何种面貌呈现的基础要素。而对自身藏品来源信息的全面了解，有助于为展览内容的策划提供丰富的故事性，也是策展的基础。

　　关于吴中博物馆的馆藏，前文已做过一定介绍。根据地域、文化及行政概念，吴中区的前身是吴县，吴县可称为苏州的"母县"，自秦始皇帝公元前221年设郡县制时即设立"吴县"。2001年2月，江苏省经国务院批准撤吴县市，设吴中区。实际上，吴中承袭了原吴县市所有可移动文物藏品［登记藏品近7000件（套），其中一级文物56件（套），二级文物66件（套），三级文物379件（套）］，绝大部分的不可移动文物和非物质文化遗产，如古建筑、古村落、古民居等，以及所占据的太湖水域面积（占太湖整体水域面积的五分之三）。这使得原来吴县的文化、自然、历史底蕴几乎尽归吴中。

　　了解了这批藏品后，策展团队便紧锣密鼓地开始按照展项分工，逐件熟悉，根据文物的科学价值、艺术价值、研究价值和保存情况等方面进行衡量和挑选。文物展品遴选的过程是漫长而反复的，在最初确定大致的展品清单后，随着展览大纲的撰写和多次调整，展品清单也不断修正、更新。库房嘎吱作响的大门，便也被一遍遍地打开，沉睡的精灵们一遍遍被唤醒打量（图3-5）。

　　然而，要让基本陈列更加生动丰满地叙事，光依靠库房内的文物还不够，特别是在一些对实物展品有更高要求的展项上，现有库房文物对展项阐释不够的矛盾表现得更加突出。为此，我们启动了"展品援助计划"，先后从南京博物院、苏州市考古研究所、吴中用直历史文物馆等单位调拨相关文物近200件，用以填补馆藏之缺，充实展线。

　　此外，展览团队还走访了大量的遗址进行实地调研，三山岛、草鞋山、木渎古城等都留下了我们的足迹。非物质文化遗产也是展览中要展示的重要内容，因此在大纲撰写前，展览团队也多次组织召开座谈会，前往各处非遗点调研采访。最终，基本陈列所展出的文物数量达1200余件，展览展示的非遗项目达20余项。

图3-5　吴中博物馆馆藏精品文物

2. 呈现

　　综合吴中历史文化和库藏文物的摸排成果，以及对周边博物馆陈列布展的调研成果，对于展陈内容，大家基本达成了以下共识。

　　吴中博物馆的基本陈列要区别于苏州博物馆的艺术类展览，做一个能够体现吴地文明发展史的历史文化类主题展览，并搭配具有地方特色的专题展览以及让观众参与的体验展览，与苏博及周边县（市、区）博物馆的陈列相互补充、相映生辉；展览将以古吴县历史地理为地域范围，以古吴县地区历史发展为脉络，以重要历史事件作为节点，重点表现地区建造及发展历程，兼集物质文明与精神文明成就，并在突出吴中地区历史文化特点和优势的基础上，系统展示吴中这片美丽土地上人类的生产、生活活动及其文化创造；基本陈列计划包括1个主展厅和3个特色展厅，其中主展厅以出土文物为主，特色展厅主要陈列古代文物精品、现代工艺美术大师作品以及体验式展览等；坚持"让文物说话"的基本原则，采取可移动文物与不可移动文物相结合的陈列方式。

基于此共识，吴中博物馆迅速组建展览内容策划团队，并于2014年12月提交了《吴中博物馆陈列大纲草案》。这一版大纲中，主展厅为通史陈列，同时设有两个专题展厅。其中，主展厅以历史朝代为分期，以馆藏文物及历年吴中地区考古发掘成果为基础，以主题单元展示为基本形式，结合历史文化分期及吴中地区的社会和文化特点，选取四个关键历史阶段，对典型文物及文化遗存进行展示，复原和说明吴地历史发展脉络与文化特征，展示与传播具有深厚底蕴的吴地文化。

陈列内容主要包括以下四个主题单元："饭稻羹鱼——先吴文化　文明曙光""江东都会——吴国崛起　初步发展""吴郡士族——世家大族　中古特征""江南胜地——近世吴门　繁荣富庶"。

"饭稻羹鱼——先吴文化　文明曙光"这一单元，结合史籍所载情况，展出了三山岛旧石器时代遗址中的旧石器、哺乳动物化石，草鞋山遗址中的马家浜文化至马桥文化的水稻田遗迹、玉琮、玉璧等遗物，澄湖遗址中地域特征明显的陶器等馆藏文物，较为充分地展现了吴中地区的史前文明及稻作文化。

"江东都会——吴国崛起　初步发展"这一单元，见证了春秋战国时期的风起云涌。自太伯建吴以来，吴文化经过春秋时期阖闾、夫差等主导的物质及文化上的发展，已较为成熟，而博物馆所藏文物及本区考古遗址，如何山东周墓（青铜器）、木渎春秋古城遗址、何山一号春秋墓（青铜器）、严山窖藏（王室玉器）、越溪前珠村（青铜器）、战国西塘河遗址等，都恰能较为客观实际地反映这段历史。

"吴郡士族——世家大族　中古特征"这一单元中，观众可以看尽六朝（东吴，东晋，南朝宋、齐、梁、陈）的风采。中古作为我国的"贵族制社会"时期，最为显著的文化特征即文化与经济实力雄厚的世家大族的存在与发展。与其他地域相同，吴地也存在影响力较大的朱、张、顾、陆四大望族，他们的家族文化不仅有着较强的时代特点，同时也可以反映出当时的吴地地域特色。

"江南胜地——近世吴门 繁荣富庶"这一单元，展现的是隋唐至明清时期的历史发展。通过"隋唐：江南运河，千里通波""五代十国：坐拥东南，安定繁荣""宋至明清：传承宋室，文人商宦"三个部分呈现江南的人文经济繁盛。

除了以上主题展厅以外，大纲中还设有"物华天宝馆"和"文博体验区"两个主题展厅。

"物华天宝馆——吴门精华永流芳"分为古代馆和现代馆两个部分，分别展出馆藏文物精品和优秀非遗作品，通过"一古一今"的陈列对比，逐步建立一个可持续的展览序列，做到轮流展示、常换常新，凸显吴中博物馆馆藏文物的丰富性，提高博物馆收藏的知名度。

文博体验区作为开展社会教育、公益类文化活动和博物馆对外交流的平台，旨在吸引更多观众走进博物馆，体验区拟设置三个板块：考古体验板块、复古体验板块和数字体验板块。考古体验板块以考古现场及文物修复为主要内容，通过现场模拟考古发掘与展示文物修复，使参观者充分体验考古的科学性、知识性和趣味性。复古体验板块以高度真实的古代生活场景为展示内容，依托民俗文物和藏品，复原宋明以来吴中地区古人的生活场景，如书房、客厅、卧室等，让参观者行走在历史与现实之间，感受古代吴中人的生活。数字体验板块以现代化科技手段为主，通过多媒体触摸屏、3D 投影成像等设施设备，数字化地展示吴中特色的古镇、古村、古建筑影像，以及地方特色节庆文化场景，将人们对于历史平面化、黑白化的传统印象转变为立体式、多彩化的身心体验。

此版大纲形成后，由吴中区区长挂帅，多次组织专家学者召开研讨会，针对大纲的结构、内容进行讨论，力图在有限的展厅空间中，尽可能全面、丰富地呈现吴

图3-6　第二版大纲文本论证会

地万年文化。展览团队集中各方建议、意见，并持续优化展览文本，形成了第二版大纲（图3-6）。

这版大纲对整体结构进行了较大调整，取消了文博体验区在基本陈列中的专属占比，并将吴地千年传诵的吴语、吴乐和吴地先贤纳入展示，形成了下列内容。

第一版大纲名为"吴文化主题馆——吴地文化一万年"，是通史类的基本陈列，以历年来吴中地区考古发掘成果为基础，以历史朝代沿革为脉络，以主题单元展示为基本形式，展示和传播精彩纷呈的吴地文化资源，使群众近距离地了解吴中历史，寻踪文化之源。陈列内容主要包括三个单元："先吴文化——开启文明之光""吴文化——延续文明脉络""吴地文化——传承文明瑰宝"。

　　第二馆名为"人文风情馆——吴侬雅语故事多"，作为基本陈列的补充，依托吴中的悠久历史、人文荟萃、名胜古迹、自然风光和丰盛物产，以历史名人故事与文物展示相结合的表现形式，分名人、学者、艺术、工艺、民俗等五个篇章，展出吴中的人文典故和民俗风情，展示吴中文化的独特魅力。

　　第三馆名为"物宝天华馆——吴中精品世人赞"，以吴中馆藏文物精品为依托，通过一级品的专题陈列，如国宝级文物釉里红云龙纹盖罐和鹦鹉首拱形玉饰、一级品虎形玉饰、青瓷楼阁式堆塑罐和朱雀、麒麟纹大菱花镜等，运用高科技手法进行多角度的全面展示，配合生动的背景故事，对精品文物进行详尽的专题介绍，使观众全方位了解精品文物。逐步建立一个可持续的展览序列，做到轮流展示、常换常新，以提高吴中博物馆收藏的知名度，烘托吴中博物馆的地位。

3. 挑战

　　时间来到了 2018 年，根据原定的陈列大纲，展览工作在持续筹备，但根据苏州市的博物馆建设计划，苏州博物馆新馆的策展工作开始启动，其中基本陈列的策划思路与吴中博物馆存在相似之处。

　　吴中博物馆迎来了新的难题和挑战。

　　苏州一直致力于打造"博物馆之城"，当时博物馆数量已逾百家，但绝大多数为专题性的收藏展览馆，而应该占据主导地位的国有综合性博物馆占比却并不高。作为市、区两级的国有综合性博物馆，如何在面对相同文化背景以及类似馆藏资源的条件下，能够让基本陈列具有自身特色，是个不得不思考的问题。

　　为了同苏州博物馆新馆在展览内容和功能定位上有所错位，2018 年 8 月 2 日，吴中紧急组织召开区博物馆展陈方案座谈会，邀请各界专家，就区博物馆展陈方案的调整工作进行专题讨论和研究。

　　在会议上，区文体局汇报了博物馆建设推进情况及下一步展陈方案初步设想，吴中将以馆藏文物及历年吴中地区的考古发掘成果为基础，结合吴中地域和文化特色策划展陈内容。会议明确了要以学术意义上的苏州地区吴文化为核心，以吴中馆藏文物为基础，将区博物馆定位为苏州吴文化博物馆。区领导指出，当下基本展陈方案的调整需要迫在眉睫，区博物馆展陈内容既要与苏州博物馆新馆的通史类陈列相区别，又要突出吴中丰富的历史文化资源和地区特色，同时需要调整区博物馆展陈文本编写团队，重新拟定基本陈列的文本大纲，并对拟展出的文物藏品进行挑选，也要提前规划考虑博物馆的展陈形式设计，注重丰富文物展陈的表现手法，突出展览的可看性、参与性和体验性。

经过这次会议，吴中博物馆的筹备和建设工作进入了全新阶段，各责任单位齐心协力，拧成一股绳，全力推进项目。展览内容策划团队调整完成后，自2018年7月起启动基本陈列的展陈大纲和内容文本的重新编纂工作。根据市委、市政府关于苏州地区博物馆的整体部署，吴中博物馆重新确定基本陈列为关于吴文化的专题陈列，馆内将不再设置通史类展览，以区别于苏博新馆展览。将以苏州吴文化为主题，以"1+N"为形式，"1"为主体，"N"为延伸的专题展览，打造苏州的吴文化博物馆，其中主体展览方面，明确"吴"的概念，突出考古学意义上的吴文化，从吴国历史、城址、墓葬、经济和军事等方面来策展；专题展览方面，分为"风""雅""颂"三个部分，将库藏文物及吴中特色的历史文化资源分类纳入各个专题。同时，吴中博物馆严格遴选和组建展陈方案编写团队，争分夺秒拟定基本陈列大纲，提前规划考虑博物馆的展陈形式设计，突出亮点，提高展览的可看性、参与性和体验性。

经过了全面的调整后，2018年11月16日，吴中博物馆召开了关于展陈大纲初稿的专家研讨会，会议邀请多位历史、考古、文博方面的专家共同参加。与会专家与博物馆团队就吴中博物馆展陈大纲初稿的内容进行了讨论，确定了文本的整体框架分为"考古探吴中"以及"风雅颂吴中"两部分；在细节方面，对"吴""吴地文化""吴文化"的时间和空间、文本材料的甄选、相关重要概念的定义等问题提出了具体的建议。在这次会议上，吴中博物馆展陈大纲（三

图3-7　吴中博物馆展陈大纲讨论会

稿）初步得到通过（图3-7）。

　　此后，经过多轮研讨，吴中博物馆展陈大纲的文本细节不断优化，逐渐成形。在2019年1月8日，吴中区组织召开了吴中博物馆展陈大纲（三稿）座谈会，会议认为吴中博物馆展陈大纲（三稿）达到了区博物馆的定位要求，集展示、教育和公共服务功能于一体，突出了苏州吴文化的特色。大纲在专业上的把握较好，学术与展示结合紧密，内容具有深度，可操作性较强，展示了吴文化的精髓。

　　三稿得到了初步的肯定后，博物馆继续在展陈大纲内容方面精益求精，对体例、具体标题定名作相应调整，延展"风雅颂吴中"部分内容，在"吴颂"部分增加吴

图3-8 博物馆策展团队前往木渎古城遗址调研

地先贤等杰出人物的展示，挖掘吴中区域的特色。此版大纲中还明确了吴中博物馆将定位于"高水平、有特色的区域文化综合体"，打造"领先的吴文化展示、研究和学习平台"。

2019年2月，在深入阅读历史文献和考古资料，反复查阅文物特质，多次对考古遗址、古建筑、古民居进行田野调查的基础上（图3-8），经过反复的专家咨询与论证，形成了最终的展览内容文本。它不同于传统的策展思路，而是抓住吴中"吴地之中"的特点，以"吴文化"为题眼，围绕吴文化展开叙事。在内容依据上，广泛整合考古学、历史学、地理学、民俗学等学科的研究成果与理论模型，既讲述结论，也说明方法论，以提升观众的探索兴趣，扩大观众的认知视野。

吴中博物馆基本陈列的展览目录为：

第一部分：考古探吴中

吴地生民：1. 林泽生息；2. 饭稻羹鱼；3. 先吴溯源

吴国春秋：1. 周室为长；2. 玉敛丘封；3. 营构大城；4. 埋玉于山

大邦之争：1. 土墩石室；2. 吴楚之战；3. 吴地楚风

第二部分：风雅颂吴中

吴雅：1. 镜鉴泉货；2. 汲古长物；3. 巨匠巧作

吴风：1. 山水华滋；2. 吴地风物；3. 营造构建；4. 江南精工

吴颂：1. 吴语侬侬；2. 吴地先贤；3. 雅颂传承

（1）考古探吴中

这个展览以吴中地区的早期考古发现为主要展示内容，结合考古学、历史学及其他相关学科的研究方法，引导观众认识和了解吴中地区的先秦文化与物质遗存，跟随展览一同探究吴文化的起源与勃兴。

"吴地生民"板块，以吴中地区史前考古遗迹发现为主要展示对象，如三山岛遗址、草鞋山遗址、澄湖遗址、张陵山遗址等。结合重要的出土文物与出土遗迹，引导观众了解史前考古的理论与方法。通过解读遗迹、遗存背后的文化内涵，在环太湖流域史前文化的大格局下，认识吴地在旧石器及新石器时代的原生文明及其生活形态。

其实最终版大纲与前期的几稿有一个非常重要的区别，即这一版大纲中不仅呈现了展览的内容文本，也为展览的形式设计提供了初步思路。策展团队综合考虑了每个部分的内容以何种形式展示，对一些场景、多媒体等展项的设计进行了方向设定，以帮助设计师更好地把握展览内容。

例如，在这一板块中，我们希望运用 3D 微缩遗址模型结合投影来展示展览内容：模型表现遗址本身的地貌形态、出土文物的分布；投影交替表现晚更新世和当代不同的地质地貌、自然生态及动物群组合。

同时，采用多媒体互动的方式，配合文物的集中展示，反映不同文物之间的联系，观众可利用多媒体互动设备阅读重点文物的解析图文、点亮连线、触摸标本等，深入了解展示文物，观察它们的相似点、区别及层位关系，思考这些现象产生的原因和背后的逻辑。

另外，我们也希望将实物与影像文献对照展示：邀请参与发掘项目的老专家回顾当年的现场工作场景。结合 2009 年发掘崧泽文化晚期墓葬群遗址的过程，组合式展示考古学工具装备、记录影像、考古笔记、考古绘图等资料，说明史前考古学工作的基本方法和工作过程。

大纲还建议设计中采用层位关系示意模型及水稻田微缩模型，前者通过图文结合、可上手互动的模型，引导观众了解层位学的基本理论、术语及应用场景，包括地层的形成过程、地层间的各种关系等。后者通过投影变换呈现遗迹现场和模拟复原两种场景，展示草鞋山遗址发现的中国最早的水稻田灌溉体系。同时，在模型台边沿以图文的形式展示从野生稻到性状稳定的人工栽培稻的性状形态变化，配以发现各形态阶段稻作遗存的重要考古遗址地点分布图。

"吴国春秋"这一板块，在吴文化的框架下，以严山窖藏、真山大墓、木渎古城考古发现为主要展示内容，重点突出吴中地区作为政治中心时期的吴国的社会、经济、军事发展状况。同时，结合遗址出土遗迹、遗存，全方位展示考古工作从发现、发掘到保护、研究的各个环节，帮助观众从学术的角度理解考古成果的重要性。

"周室为长""玉敛丘封""营构大城""埋玉于山"等部分也计划采用动画还原吴国历史上的重要事件。运用多媒体地图，对应动画内容，采用 AR

或视频的方式，展示重要的吴文化遗址、遗迹的分布，以及不同时期的重要文物，结合已有的考古或文物研究成果，介绍其可能对应的年代与历史事件。

第三板块为"大邦之争"，以吴中地区出土春秋战国时期墓葬为主，通过展示墓葬结构和出土器物，比较吴、楚、越三国的物质文化形态特征，反映地区发展的流变。

（2）吴雅

"雅正"，是吴文化的精髓。不偏倚、不过度，以文质彬彬为追求。长于对传统之继承，精于对细节之追求。先秦时期，"雅正"体现在对中原文化的跟随和继承上。汉唐以来，随着吴地经济的发展和全国经济中心的南移，地处三吴之中的吴中本身逐渐成为文化之正脉。明清以降，吴中更是引领潮流，从园林建筑到日常器用皆成一时之选。文物是特定时期的文化、思想和生活方式的体现，吴地之文物中所蕴藏的雅正之色使其自有可观之处。

展览团队以"雅正"为主题，将吴中博物馆馆藏中的精品文物按照类型进行展示。这样的展示方式一方面是对改变通史陈列逻辑的回应，另一方面也在一定程度上优化了馆藏展示结构。

"吴雅"板块分成三个部分，即"镜鉴泉货""汲古长物""巨匠巧作"，分别对应吴中博物馆所藏秦汉以来的铜器、陶瓷器、玉器杂项等三部分的文物，挖掘文物背后的文化因素，尤其是吴文化的因素，以雅物见证灿烂历史，唤起观众对于"吴"的认同感。

以文物展示为主，每个板块有 1 至 3 个核心展品放在中心展柜展示，其他展品铺成阵列密集展示，这种做法与大英博物馆类似。辅助以绘制展板、视频等，展品展示以二维码为辅助，在移动端提供每一件展品的详细解读，解决密集展示的展品较多而产生的问题。

古人称镜为鉴，又称钱币作泉或货。"镜鉴泉货"，以吴地视角，以铜镜来考察古代的思想史，以钱币来考察古代的经济史。

　　"汲古长物"展示不同时期的陶瓷器。无论是新石器时代的良渚陶器，还是六朝的青瓷、五代的秘色瓷，乃至达到陶瓷史上高峰的南宋官窑，元代出现的青花，及明清以降蔚为大观的各种瓷器门类，它们有的产于吴文化所在地，由此地风土与文化审美而造就，有的因吴地发达的商品经济与开放包容的思想而得到传播与流转，有的以吴地为主要的市场之一，更有的被吴中士庶珍赏传家。此间长物可跨越古今。

　　"巨匠巧作"这个部分以吴地视角考察中国古代工艺的辉煌成就，从工艺中可以看到的既是江南繁荣的商品经济，更是吴地卓绝的人文成就。"良工虽集京师，工巧则推苏郡"，吴地素来能工巧匠辈出。尤其自六朝以来，江南经济大发展，特殊的地理位置与历次中原衣冠南渡，使吴地人文荟萃，至明清独冠中华。"陆子冈之治玉，鲍天成之治犀……俱可上下百年，保无敌手。"

　　（3）吴风

　　博物馆不只是一个"向后看"的机构，更应该"向前看"，吴中博物馆作为一个区域性的综合博物馆，并不单纯展示历史与古代艺术，更应该关注当下这片土地上正在发生的事物，因此，建立"吴风"展厅的价值就在于，将一地风物风俗进行展示，唤起本地观众的共同记忆，在风物风俗中获得强烈的文化认同与自信。

　　"吴风"在内容上分为四个部分："山水华滋""吴地风物""营造构建""江南精工"。

　　在这个展厅，策展团队希望可以摒弃传统的线性路径展览形式，利用展厅的四周背景墙、展厅装饰、展厅地面和上部空间的形式设计，构筑起一个吴中山水景观（尤其是太湖、洞庭山）的大环境。

　　背景墙面可以设计为环形，以白描线图或水墨风格绘制四时吴中山水、市镇与物产（从水中物产到陆上动植物、山上瓜果、山峰、湖荡、村镇等）。在墙体中计划嵌入小展项，用立体、多维度的组合对各种吴地风物加以详细阐释。

　　第一部分"山水华滋"展现吴地地理特征与风光，以太湖为重点，从太湖自然地理成因、历代太湖水域变化、人文歌咏，说明地理环境是塑造吴地人民生产生活、构筑吴文化基因的要素。

　　第二部分"吴地风物"，以四时与物产为主线，体现吴地特色的物候、风物概念。时令气候、物产风光、吴人生活，三者息息相关，构成了"吴风"。各个物产的展示内容将以多种形式嵌入背景墙，做整体呈现。第一、第二部分分别以宏观景观与微观物产解读吴风，内容关联呼应，共同构成了展厅的背景墙体及部分主题展项。

　　形式上，以背景墙为串联线索，结合嵌入墙面的多种小展项，表现各时的物候特质与风物特产。与"山水揽胜"白描背景墙面结合，在墙面背景中画出各个风物主题的同时，展现各时的物候特质与风物特产，同一板块中的多个物产主题以立体、多维度的方式组合呈现。

　　这一部分的内容繁多且细碎，因此要求设计时格外注意视觉风格与结构的统一。形式上对照各项风物内容制作背景墙面、配合呈现相关诗文，并使用多种形式（如生物构造图、微观观察孔、投影、仿真模型、标本与实物等）制作嵌入墙面的组合展项。同时考虑调动参观者的五感（特别是嗅觉与触觉），在相关展项设立"气味"一栏，用雾化器装置或小型试香卡让观众闻到物产的独特气味；鼓励模型、标本、样品做成可触摸形式。

　　第三部分"营造构建"，重点关注吴地人利用自然山水，改造、营建所形成的聚落和村镇建筑。展示典型的村镇格局、富有特色的单体建筑形态、精美具象的建筑构件实物。

　　这个部分在展厅中以中岛式的组合展项呈现。制作成一个大型主题展项，或由大小不一的数个主题展项构成。要求内容与展厅背景协调、展项中的整体视觉形式统一。

　　第四部分"江南精工"，展现传承至今的吴地技艺与匠人作品，在古今、内外（吴地与别地）的对比中体现吴地工艺的今日之风、今日之美、今日之用。

这一部分展示传承至今的吴地工艺。以各项工艺为主题进行展示，在古今、中外对比中突出特征，强调今日之用和技艺传承。各项工艺构成数个独立的综合展项。在形式设计中，模型、半成品的设计需要能够让参观者上手触摸、参与互动；展项能够与真人演示、教育活动等结合。

（4）吴颂

吴文化是中华文明不可或缺的组成部分，肇基于中原文化，又融入吴地乡土的气息和江南的精髓，形成了独特的面貌，孕育出了特有的文化内涵。侬侬吴语颂扬的是吴地文化大观。因此，"吴颂"这个展厅以吴语、吴音、吴乐、吴地先贤的雅颂传承为内容。

形式计划以融媒体图书馆加演出空间为主，营造图书馆氛围，四周以密集书架空间放置吴地先贤相关书籍以及相关视频音频资料；模块化的书桌兼作展示和与观众互动用的演出空间和冥想空间。

（二）展览的形式设计

形式设计对于博物馆展览而言，重要性不言而喻。而且，基本陈列的形式设计还要与博物馆整体建筑风格、调性相符合。根据基本陈列的内容思路，我们认为形式设计应该在整体上将江南文化的精致、静雅体现出来，空间的感觉应该是让人非常舒适与放松的。因此，形式设计团队在整个设计中以"人文吴中，美丽太湖，诗意江南"为线索，通过层次丰富的阐释体系、清新雅致的空间氛围、富有趣味的展陈形式，对吴文化进行系统而深刻的展示。

整体而言，基本陈列设计中运用艺术化的空间营造，通过巧妙融入江南元素与古典园林营造手法，呈现出清新素雅、恬淡悠远的设计风格。在立足于内容准确的基础上，对图片、图标的形式精心设计，达到信息传递清晰流畅、形式表现美观大方的效果。通过先进的灯具、合理的布光，营造出舒适宜人的光环境，以晶莹明净的光感氛围彰显江南地域文化特色。对标题、文字、图片的精心设计，达到了视觉舒适、色彩和谐、构图规范、画面美观的效果。运用多媒体展项、艺术品展项、机械装置等辅助展品，通过层次清晰的排列、错落有致的摆放以及科学便捷的交互设计，诠释展览内涵，增强艺术表现，提升参观趣味。

因此，吴中博物馆的基本陈列给人一种深入江南却依然克制的美感。整个形式设计的过程主要历经前期概念设计、中期深化设计以及后期施工落地三大阶段。可以说这既是对设计团队的一次大考验，也是对博物馆策展团队整体能力的大修炼。

1. 前期概念设计

（1）勘察现场，确定动线

基本陈列的展陈大纲确定后，于2019年年初开始进行展陈的形式设计。详细的现场勘查是所有工作的第一步。那时博物馆建筑主体刚刚竣工，周围一片荒芜，整栋建筑悄然伫立在澹台湖边，内部仍是毛坯态（图3-9）。但当设计团队第一次穿过大厅的扶手楼梯，通过进入各个展厅以及连接每个展厅的连廊空间时，便能明显感受到建筑设计师对于光线的运用，即便那是在一个阴雨天。这种对于光线的精心设计也成为后来博物馆展陈设计中让所有人都格外重视并想要保留的设计元素之一。

在展陈概念设计初期，为保证参观动线规划的合理性、舒适性，设计人员结合大纲在建筑里模拟观众不同的参观路线。一般而言，设计师会先按照顺时针顺序绘制总平面图，但根据基本陈列大纲的结构，第一个展厅为"考古探吴中"，这是基本陈列中较为重头的展厅，上展展品数量众多，展厅规划面积较大，而实际上，如果按照常规的顺时针观展顺序去设计，那么第一间展厅的面积会明显局促，不利于对文物的全面展示。为此，设计团队果断改变了常规的动线设计方式，根据展厅内容、展品数量、展览主题采用逆时针的平面布局，其实这在博物馆中并不多见。因此，"考

图3-9 吴中博物馆主体建筑

古探吴中"展厅位于博物馆整体空间的南侧，占地 1100 平方米。此外，为方便布展以及管理文物，将大纲中"风雅颂吴中"的"吴雅"部分提前，紧跟在"考古探吴中"后半段，也让整个展览中的文物展示部分集中于前半程。"吴风"和"吴颂"则为另外的两个独立展厅，相较于前两个展厅，展览内容更为轻量、更为活泼（图 3-10 至图 3-13）。

（2）分析设计任务，进行概念设计

展览团队的思想和逻辑应该与展览大纲一致，对大纲中的内容牢记于心、深刻理解，才能更好地进行展览设计。策展团队对基本陈列的展陈设计要求极高、标准极高，这样的要求和标准无疑让设计团队倍感压力，但也正因如此，倒逼设计团队迅速进入状态，通过对大纲、招标文件的详细解读，将具体的设计要求量化。

为了能够更好地理解大纲内容，设计团队花费了很多时间开展统一学习、

现场勘查

二层展厅入口

现场勘查

图3-10　现场勘察和动线分析一（上）
图3-11　现场勘查和动线分析二（下）

二层展陈分布—方案一

依据策划大纲布局，展陈体量可承载大纲内容，但动线呈逆时针方向。

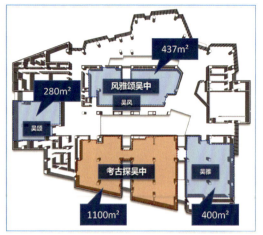

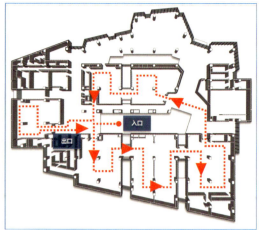

二层功能分区

二层展厅动线

二层展陈分布—方案二

现调整的平面布局动线满足整体性且符合观众的参观习惯，但"考古"区的面积不足以承载大纲内容。

二层功能分区

二层展厅动线

图3-12　不同功能分布对比：方案一（上）

图3-13　不同功能分布对比：方案二（下）

集中阅读，并且邀请相关专业的学者开展专题培训。展览团队与设计团队一道，对每个展厅、每个部分逐一分析，让管理人员和制作人员都能更好地理解文本，并在研读的过程中，分析大纲的重点，展开激烈讨论。这一过程对全员理解大纲、把握展览重点起到了关键作用。

展陈大纲中对广义和狭义的吴文化都做出了相关的界定及说明，对苏州主要考古遗址进行了梳理。因此，为了更深入地了解吴文化，设计团队同样花费大量时间查阅考古书籍、考古报告，观看多部纪录片，为的就是在设计中能够更准确地把握专业内容。这些前期筹备工作引导设计师在最短的时间里了解吴中博物馆的文化背景以及策展方向，为设计团队提供清晰的思路。可以说，做完这个展览，设计师们也都成了吴文化方面的"专家"（图3-14）。

头脑风暴是设计团队思想最为发散的时刻。在这个阶段，从主案到效果图、施工图、艺术品、多媒体再到平面，设计团队中的每个人都按照理想中的吴中博物馆去想象，进行创意思考。在团队成员的发散碰撞中，千奇百怪的想法呈现在大家面前：空间氛围应该清新淡雅，所以基础色调不能太暗太重；展出战国古琴的地方可以设置一个感应装置，加载音乐，让观众的参观感受更为立体；灯光应该是比较柔和的，展厅整体应该比较明亮；等等。虽然这些仍然是碎片化的思考，博物馆也仅存在于我们的想象中，充满各种不确定性，但这个过程确实让设计团队的创意无限激发，那时大家提出的很多想法最终也被采纳（图3-15）。

在初步的概念设计过程中，设计团队对每个展厅的想法以及碰到的问题都各不相同。

"考古探吴中"展厅主要呈现了不同时期吴中考古遗址及其出土文物，因此团队认为在展览阐释中应该尽可能丰富，不能囿于在图版上多进行标注这种单一的形式，应该运用综合阐释方法。所谓综合阐释，即运用多媒体、场景、互动装置、图版、实物等集合的方式来讲述文化内容。多媒体在空间的运用也不再单一，而是根据大纲内容，深入研究考古报告，分析文物的出土地点，结合场景来进行舞台化演绎，

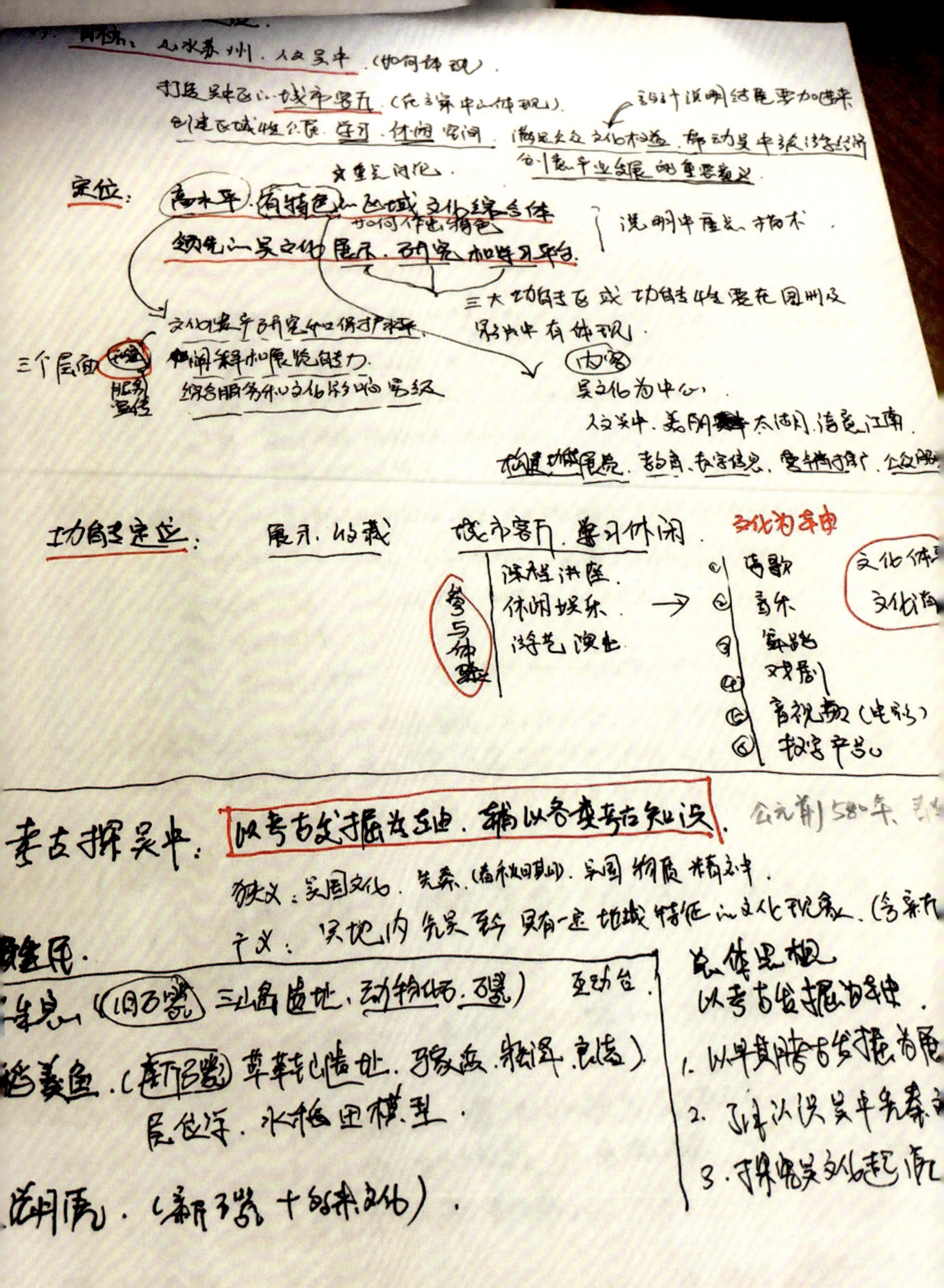

图3-14　设计团队的阅读笔记

图3-15　设计团队制作的展览设计参考PPT

突出国宝级文物的重要性。例如，在大纲撰写中，策展团队便充分考虑到多媒体与空间的关系问题，提出多媒体互动装置的高度应该做到 90 厘米，更充分地考虑青少年在展厅互动中的体验。因此，在落地这个概念的设计环节上，设计团队便参考了在上海以及出国考察时看到的很多展馆中关于青少年儿童的展项，设计团队曾对其高度与互动方式进行过一系列的研究和调研，对如何将常规尺寸调整到适合青少年的尺寸，让展项更适宜青少年群体，同时保证其他观众群体参观感受，具备一定经验。因此，如果大家现在走进"考古探吴中"展厅，会发现所有的多媒体互动展项的台面高度几乎都遵循了兼顾青少年与其他观众体验这个原则（图3-16、图3-17）。

　　"吴雅"展厅是整个基本陈列中精品文物数量最多的展区，整体色调与风格要充分体现江南的雅正气质。但在做"吴雅"展厅空间布局的设计时，遇到了一个很大的问题，即原计划的展厅面积只有不到 300 平方米，却要集中展示展线文物的大半部分。如何在这么小的空间里讲清楚"吴雅江南"的感觉？我们思来想去决定去古人那里"取经"。

当时，设计团队的每个人都办了一张苏州园林卡，我们走遍了苏州大大小小的园林。通过在园林中漫游启发对博物馆设计的思考，寻找江南风雅的灵感。与此同时，我们阅读了大量关于园林的书，研究园林里的布局方式，希望通过移步换景、移步异景的方式来进行博物馆展览的布局，将园林布局的巧思移至博物馆空间。十几种布局形式出炉后，设计团队又结合大纲内容讨论和筛选，再通过建模进行漫游推敲，确定接近最终方案的空间布局方向（图3-18、图3-19）。

此外，在"吴雅"展厅的小景营造上，我们也不再将其具体场景化，不具化设计元素，不是把园林里的景致一模一样照搬过来。因为对于观众而言，参观博物馆的目的并不是去看一个完美的园林，展示这类"复制品"也不是博物馆设计的初衷。我们的做法是抽其形、会其意，去营造意境，以现代的语言来诠释古人要表达的意境，做到点到为止。这种抽象的、有距离感的提取也更符合吴中博物馆整体简洁雅致的氛围（图3-20）。

对于"吴风"展厅的设计，设计团队结合展览大纲以及前期对吴中太湖片区风物人情的调研，计划将其设计为一个沉浸式的互动体验展厅，让日常生活中看似稀松平常的风物更具互动性和体验性。因此在前期方案中，我们设计了很多互动展项，并提供了两种方向：一种是满墙沉浸式 LED 大屏幕，互动展项在中间，给人以强烈的视觉冲击和沉浸之感；另外一种是以区域展项体验为主，分类别讲述吴中地区的风俗物产。最终经过多轮研讨与评估，第一种方案因后期维护费用较高未通过，但它也为后期深化设计提供了很好的基础。

现在的"吴风"展厅摒弃传统的线性路径展览形式，利用展厅的四周背景墙、展厅装饰、展厅地面和上部空间的形式设计，构筑起一个吴中山水景观（尤

图3-16　"考古探吴中"展厅概念设计阶段的阐释设计点配设计（上）

图3-17　"考古探吴中"展厅概念设计阶段的综合阐释设计点配设计（下）

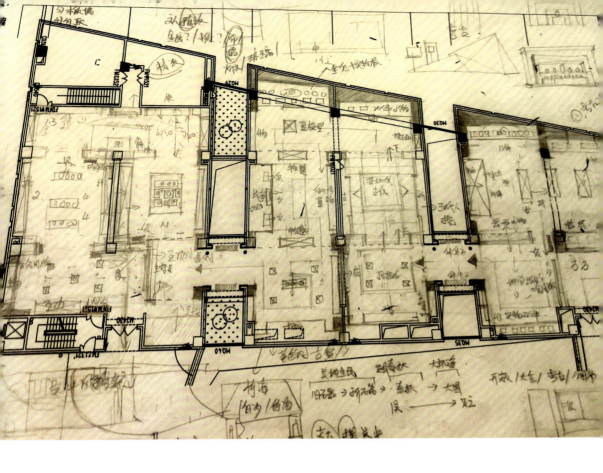

图3-18 "吴雅"展厅平面布置方案一（上）

图3-19 "吴雅"展厅平面布置方案二（下）

图3-20 "吴雅"小景设计

其是太湖、洞庭山）的大环境。背景墙面为环形，以白描线图或水墨风格绘制四时吴中山水、市镇与物产（从水中物产到陆上动植物、山上瓜果、山峰、湖荡、村镇等）。在墙体中嵌入小展项，用立体、多维度的组合对各种吴地风物加以详细阐释。这个展厅的各个主题内容被设计为多个中岛式的展示区，如同散落在大环境山水中的大大小小的岛屿。观众不再只能遵循单一的线性参观路径，而是可以自行探索各主题展项，参观、互动。各个中岛主题展区的艺术形式与风格也与展厅背景环境保持统一（图3-21、图3-22）。

展览大纲中，"吴颂"展厅的空间呈现形式计划以融媒体图书馆加演出空间为主，包括：营造吴文化图书馆的氛围，四周以密集书架空间放置相关吴地先贤书籍以及相关视频音频资料；模块化的书桌兼做展示和与观众互动用；演出空间；冥想空间。在后续细化设计工作时，设计团队也尽可能地贴近展览大纲中提出的理念和要求——将"吴颂"展厅的设计与图书馆结合，并兼顾"展中展"的功能。

在具体设计的过程中，设计团队首先考虑"吴颂"的空间如何兼顾基本陈列的内容、后续的临展，以及整个吴中博物馆书籍收藏的功能，并且这三种功能在后期的运营中能同时实现却不会冲突。因此，我们将图书收藏的功能向上移动，将"吴颂"作为基本陈列重要的展示内容放置在展厅进门区域展示，展厅中间方形空间即书架下方作为后期临展的区域，并对其进行模数化设计以实现可更换性兼展览性，便于后期临展布展工作。如此一来，整个设计也完全契合策展大纲的功能需求（图3-23）。

前期概念方案的设计工作为后续深化和落地打下了良好的基础。

图3-21　"吴风"展厅投标方案一（上）

图3-22　"吴风"展厅投标方案二（下）

图3-23　"吴颂"展厅设计效果

2.中期深化设计

在展陈设计的初期阶段，由区长直接牵头召开多次推进会，对展陈设计方案进行讨论，最终，在各方的共同努力下，展陈设计进入了深化阶段。在这一阶段，馆方与设计师团队进行多次讨论和深入沟通，就空间、展项、多媒体、平面、展柜、灯光等板块进行反复打磨，在一次次的沟通、调整和磨合中，整体设计有了很大提升。在整个过程中，馆方团队也一直在引领设计团队共同前进。

（1）空间深化

空间深化过程中调整较大的是"吴风"展厅。在深化阶段，设计团队重新回归到展览大纲本身，进一步理解策展人的策展思路，在梳理展陈内容的同时，设计团队前往吴中太湖多个区域进行调研，并提出了初步的设想：以一个渔民在太湖边一天的生活为轴把吴地风物串联起来，从太湖的水域到湖边的村落再到村镇。

此外，设计团队还借鉴了欧洲部分国家博物馆中的互动展项，为"吴风"展厅的设计增加了很多互动属性。例如，依托相关诗文（叶圣陶的《记游洞庭西山》、李根源的《吴郡西山访古记》、沈复的《浪游记快》等），制作以"太湖游赏"为主题的 VR 动画——使用可穿戴 VR 设备，内置动画。动画内容选择一位文人、作家游太湖洞庭山的游记或笔记，将其制作成互动导览，观众可以通过互动选择对应的内容浏览。动画以水墨晕染或工笔白描的艺术形式呈现，与整体展厅背景相协调（图 3-24、图 3-25）。

经过多次沟通，内容策划团队认可了设计团队提出的深化方向。沿着这个方向，设计团队决定对"吴风"展厅设计的原墙面插画进行重新创作。在插画设计师的人选上，我们也思忖再三：希望插画师既懂得江南文化特色，也有传统人物塑造能力，同时具有年轻人喜欢的风格，最终确定邀请上海年轻的艺术家陈汉煜来担此重任。在创作过程中，陈汉煜多次前往太湖周边采风，深入了解吴地风物风俗，并思考如何将太湖、渔产、水稻种植、水八仙、碧螺春、吴地建筑、自然风光等众多元素融入一整张画面中。经过数月的思考、创作，陈汉煜用古今融合的卡通手绘方式，在 40 米的长卷中，融入了吴地风物的十个主题，画面活泼、生动，值得仔细观察与探索（图 3-26）。

为了配合展墙手绘的内容，我们在展厅中间设置了岛台，岛台内容与墙面主题一一对应（图 3-27）。在互动展项的深化过程中，策展人提出了"小的做大，大的做小"的理论。同时设计团队也借鉴了在日本和德国考察的项目，细化了展台的互动体验功能，提升内容的科普性，也使得"吴风"展厅更加贴近目标受众群体——青少年。

（2）展项深化

展项设计是一个综合性的设计过程，其中涉及多媒体、空间、艺术品等多个不同的专业，要做好展项设计，必须由多个专业互相配合，高度协同。在对基本陈列进行展项深化的过程中，设计团队遇到的最大问题就是无法真正消化展陈大纲中的考古专业性设计要求。正如前文所述，吴中博物馆的基本陈列大纲定稿中不仅包含了展览的文本，还对不同展览内容的呈现形式进行了预设，提出了展陈设计的基本方向。这其实极大提升了展陈设计的效率，但面对部分考古、历史等专业问题时，设计团队依然存在无法准确把握需求的情况。

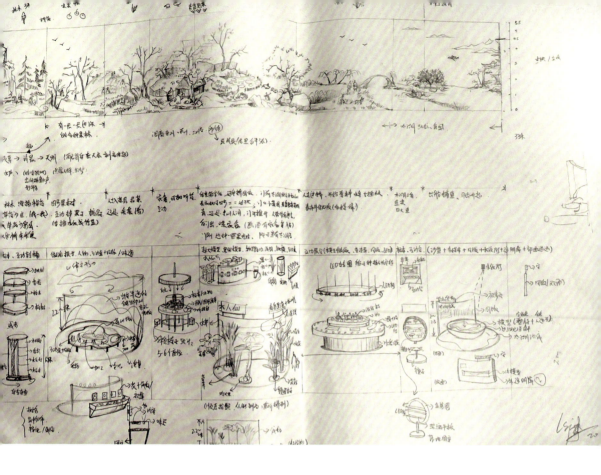

图3-24 "吴风"展厅深化设计草图一（上）
图3-25 "吴风"展厅深化设计草图二（下）

多媒体展项：10（霍格沃兹5+移动屏1+透明屏1+互动游戏1+多媒体投影2）
微缩模型展项：5
实物标本展项：4
气味喷雾展项：3
声音装置展项：1
可触摸实物展项：1

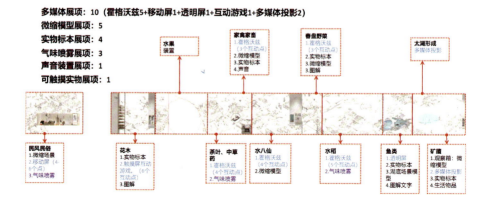

水果
装置

家禽家畜
1.霍格沃兹
（3个互动点）
2.微缩模型
3.实物标本
4.声音

春盘野菜
1.霍格沃兹
（3个互动点）
2.实物标本
3.微缩模型
3.图解

太湖形成
多媒体投影

民风民俗
1.微缩场景
2.移动屏（4、6个点）
3.气味喷雾

花木
1.实物标本
2.触摸屏互动游戏（6个互动点）
3.图解

茶叶、中草药
1.霍格沃兹
（4个互动点）
2.气味喷雾

水八仙
1.霍格沃兹
（4个互动点）
2.微缩模型
3.图解文字

水稻
1.霍格沃兹
（5个互动点）
2.气味喷雾

鱼类
1.透明屏
2.实物标本
3.湖底场景模型
4.图解文字

矿藏
1.观察箱：微缩模型
2.多媒体投影
3.实物标本
4.生活物品

由远及近——居民一天

吴地林木	水果	茶叶、草药	家禽家畜	水八仙	稻米	鱼类	山水华兹
楠树	樱桃		吴地家禽（鸡鸭鹅）	春盘野菜	春耕秋收	太湖鳜鱼	1）山水揽胜
椴木	白沙枇杷		吴地家畜（鸡鸭鹅）	苏州青	耕作流程循	太湖三白	2）太湖形成
香樟	杨梅		湖羊		环	松江鲈鱼	3）水系湖泊
枫树	桃		太湖猪			大闸蟹	
	洞庭橘子					四大家鱼	
	秋日佳果					太湖其他鱼	
						类	
吴地林木	水果	茶叶、草药	家禽家畜	水八仙、春盘野菜、苏州青	稻米	鱼类	山水华兹

转筒以及互动展台，花香体验立体剪影墙面结合模型互动游戏	丛林 硕果 春品 生态 累累 茗 洞庭东山、西山、三山岛、市镇风光景色	微缩场景结合立体剪影互动展台 农家小院家禽作伴	微缩模型结合互动触摸屏 结束劳作时令素菜	水八仙仿生植物以及互动展台 春耕秋收	稻米的一生剪影结合微缩模型互动展台 湖边垂钓太湖鱼跃	互动展台墙面透明屏幕结合半景画 日出升起出船捕鱼	墙面投影地层剖面图 太湖环境氛围

图3-26　"吴风"展厅插画设计（上）
图3-27　"吴风"展台深化（下）

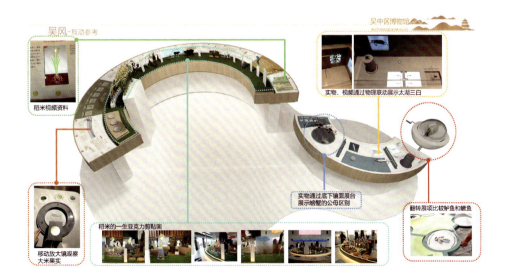

例如，在进行"考古探吴中"展厅的草鞋山遗址相关互动展项设计时，设计团队经过分析，把握了草鞋山遗址作为"江南文化标尺"这个关键信息，以不同的文化时期的地层为创意起点，设计了高大的展墙模型，并配套了可供观众互动的地层装置。但在展陈大纲中还明确注明，草鞋山遗址的展陈形式中应该包含动物考古和植物考古的部分，而在实际落地过程中，到底什么是动物考古，什么是植物考古，如何在互动展项中去呈现这些内容，既要专业又要有趣，这些问题难住了设计团队。

于是，我们邀请了国内从事动植物考古的学者专门与设计团队开展交流会议，并且将动物考古的相关问题录制成科普视频。经过多次的交流讨论，设计团队才真正理解了动植物考古之于草鞋山遗址展示的重要意义。因此，在展项深化的过程中，设计团队改变了原本单一以地层学为基础的展示互动方式，融入了动物模型展示，设计了"这是谁的骨头"互动装置，利用在动物骨头模型中植入芯片的方式，让模型与多媒体产生交互，从而激发青少年的互动参与热情，使其在游戏中了解动物化石知识。此外，在动物考古互动展项旁边，设计团队还增加了介绍植物考古的装置，用互动转盘展示不同植物的生物信息。如此，一个丰富且立体、好玩的考古展项终于完成了。这个互动展项也在开馆后成为最受小朋友欢迎的展项之一。

其实在深化过程中，对于很多艺术品展项的设计，如模型、沙盘以及人物制作等，专家、学者也对设计团队进行充分指导，并对制作结果进行把控，这样才确保了深化方案中没有学术偏差（图3-28）。

（3）多媒体展项深化

多媒体展项在展览设计中因媒体手段的丰富，往往能够更直观、更生动地进行专业信息阐释，消解很多专业知识在传播过程中的壁垒，同时带给观众更多元及可参与的体验。因此，现在很多博物馆都非常重视多媒体展项在展览中的运用。但在使用多媒体展项时，适恰性是非常重要的，即应该把握好对多媒

图3-28　考古互动区域方案对比

体的数量、点位、时长、设备的运用尺度，否则常常会造成过犹不及、为技术而技术的局面。在做吴中博物馆基本陈列的过程中，我们始终坚持多媒体是为展览内容服务的原则。

在深化多媒体展项时，内容策划团队与设计团队就整个展馆所有的多媒体点位进行反复探讨，如具体在哪里加入多媒体展项，每个展项的时长是多少，多媒体的呈现画幅大小如何等，都综合考虑观众参观的节奏和图文信息说明的局限。对多媒体的前期策划是希望多媒体展项的设计能够让观众在参观时感受到多媒体的有序——展项有节奏上的控制，有无声和有声的集合，有长视频和短视频的协调，用这样的设计提高观众参观与使用时的舒适度。

细心的观众会发现，相比于其他展厅，"考古探吴中"展厅里利用多媒体来呈现的板块是最丰富的。主要是利用声、光、电等多媒体手段去演绎部分历史故事和文物背景。整个展览是基于考古材料打造的，为了让观众观展时不枯燥，像陶罐这类器物的展现方式就要努力避免"平铺直叙"，各种多媒体就是非常适合的手段。

例如，"考古探吴中"展厅的第一个展柜讲述的是三山岛遗址的内容，在展柜前方的机械互动装置上，我们设置了一块多媒体屏幕用以展示苏州旧石器时代的信息。在策划这个多媒体展项时，考虑到不同年龄层的观众对于信息的捕捉和承载能力、理解能力是不同的，因此我们采用了"专家访谈＋卡通动画"的组合，设置选项按钮，专家访谈的视频时长超过30分钟，以复旦大学陈淳老师的三山岛考古实践分享为依托，详细地介绍了该遗址的发掘与研究情况，整个内容颇有深度。而卡通动画则用简洁的剧情设置为儿童和青少年阐释了原始先民的生活状态。观众可以根据自己的需求选择不同类型的视频进行观看。同一个多媒体展项也融入了分众的设计。

再如很多观众第一次观看时会发出赞叹的澄湖遗址动画。在此处设置多媒体展项，是因为对澄湖遗址及其文物的阐释受限于图文形式，丰富性不足，所以我们决定用动态的内容拓展遗址与文物解读，将多媒体与文物展示并置但又互不干扰。因此，我们采用一整块通电玻璃，加入全息投影，将文物的复制品放置在展柜中，如此一来，玻璃上间隔一段时间便会播放与展品相关的动画视频，视频播放完成后，又恢复到展柜展示的状态。两者巧妙地结合在一起，给人以全新的观看体验。这种多媒体投影的使用，对灯光也有相应的要求，为保证投影的清晰度，这部分区域的灯光必须同步做出相应的调整。

澄湖遗址的动画时长相对较长，动画要表现的内容也比较丰富。所以多媒体团队采用了三维建模动画的形式，以求更生动地还原细节，从而更好地表现在以澄湖遗址为代表的良渚文化时期，整个江南水乡村落生产生活的状态，形成古今对比，呈现这种沧海桑田的感觉。在策划这段动画内容时，我们也进行了较为深入的研究。虽然目前的考古只是在澄湖遗址星罗棋布的水井、零星的灰坑里发现了陶器，但是这已经足以支撑我们还原当时的整个生活面貌。同时，展览团队也借鉴了同时期其他遗址出土的一些文物，来对这一时期进行动画复原。

复原的过程中，首先形成了一个动画脚本，这个脚本是经过学术考证的路线框架，接下来便由多媒体团队的内容策划师来设计动画的逻辑。在这个过程中，对于一些细节的把握，我们非常审慎。比如石犁是怎么用的，有人理所当然地认为是牛拉的，因为犁个头很大，但春秋战国时期铁犁牛耕才得到普及，而良渚文化时期比春秋战国时期还要早 2000 年，也没有证据能证明早在距今

4000 年前就已经有了牛拉犁，所以最后我们就审慎地把它改掉了，改成了人拉犁。在多媒体展项的制作过程中，还有很多类似的问题，我们始终将严谨、专业放在重要位置。

不同的内容诉求也会使多媒体呈现不同风格。吴中博物馆的基本陈列并非按照历时性逻辑展开叙事，但吴国历史上的重要时刻、经典典故依然有向观众展示的价值。因此，在"考古探吴中"展厅中，我们选取了观众耳熟能详的吴国经典历史故事，制作成近几年特别流行的新国漫风动画短片。相比较冗长的纪录片，这种方式更受年轻群体的喜爱。

在制作多媒体展项的过程中，设计团队进行了大量采访、采风、拍摄、建模、动画演绎等内容上的深化，提高制作内容的专业度，这也是阐释体系里最重要的内容基础。

（4）展柜深化

每个博物馆的陈列展览都有自己的特点与要求。吴中博物馆基本陈列清新、淡雅、精致的调性和整体设计风格，决定了基本陈列的展柜也应该是较为明亮通透的。这也是设计团队在进行展柜设计和深化时采取的原则——尝试新的展柜展示样式，让空间更为通透。

展柜的深化包括展柜和基础墙体之间的关系、整个展柜的独体设计，以及灯光的安装方式和灯具的选择等，设计团队与内容策划团队共同探讨，多次尝试，反复实验，甚至其中有很多方式在当时的博物馆展览中属于首创之举。

最为典型的就是"吴雅"展厅的大型组合展柜。在拿到展览大纲时，设计团队便注意到了这个展柜中一共要展示 12 组器物，因为文物数量较多，因此在初稿设计时，设计师们单纯考虑的是如何将这些文物"塞"进柜子，却忽略了其实这 12 组器物是整个展厅乃至整个吴中博物馆收藏中最为典型和重要的文物。因此，前几稿设计很快被推翻。如何用集中陈列的方式突出这些器物的重要性，且重要性之间仍然表现出差别，如何合理规划背板内容，在保证文物安全的情况下，以更好、更美的设计呈现在观众面前，成了让设计团队花了整整一个月的时间去思考和实践的问题。

在最终方案中，12组重点文物被错落有致、重点突出地重新排布，展柜根据设计方案单独开模，满足展览的特殊需要。同时，对于体量这么大的展柜，一般的射灯无法满足其照明需要，因此，设计师也专门重新设计照明，增加灯光板，两种光源同时运用，让整个展柜既明亮清晰，也温和舒适。此外，江南气候湿润，潮热多雨，为了让文物始终处于相对稳定的环境中，整个博物馆的展柜都做了恒湿系统，恒温则由中央新风系统来控制。同时，考虑到方便后期布展，设计团队对展柜内部背板结构和文物安装方式也做了相应的调整（图3-29、图3-30）。

整个柜内布局的深化设计也非常重要。设计团队从突出重点文物、诠释单元主题，同时兼顾展陈空间环境的关系，以及受众群体的观展体验等方面来细化柜内布展。我们大胆尝试运用金属展台，在文物的布展方式上，也尝试采用立体挂装的方式来解决小空间、多文物的现实问题（图3-31、图3-32）。

当然，整个展览中也有特殊的积木台设计，如战国古琴的展示。这是国内为数不多的先秦时期的古琴，出土于吴中长桥地区，是国家一级文物。为了更好地突出文物本身的重要性，表现古琴的美感，设计团队搜集了大量关于古琴的背景资料、时代特征等信息，将原计划用桌子陈列的形式调整为以大块亚克力定制的"水晶台"来陈列，并配合定向音响，更能贴近文物本身的特质，既符合学理推断，也兼具审美价值，引人遐想（图3-33）。

（5）平面深化

作为对整个展览内容传播最重要的工作板块，平面深化设计工作也贯穿整个展览深化过程。我们对展厅内的视觉呈现有着极高的要求，从展厅图标的设计到一、二级图版规划，从字体大小到内容梳理及色调，包括展板的角度，都经过多次磨合才最终确定。

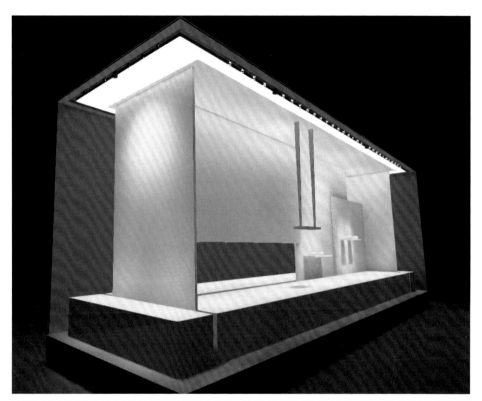

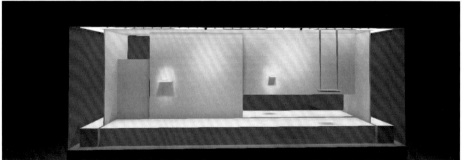

图3-29　"吴雅"展柜深化细节一（上）
图3-30　"吴雅"展柜深化细节二（下）

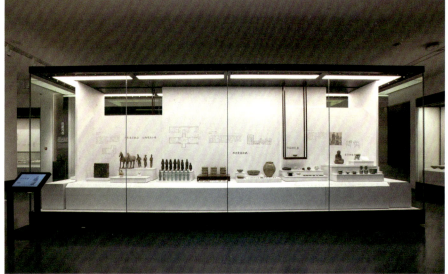

图3-31　"吴雅"展厅展柜立面设计（上）

图3-32　"吴雅"展厅展柜实景（下）

沙幕竹子造景（7910×680×4000mm）

十二弦古琴规格：1354mm（长）×180mm(宽)

展柜尺寸：2500×800mm

异形透明树脂琴座台面规格：1500×250（最窄宽度）×300mm

图3-33　"考古探吴中"展厅古琴柜内设计

　　为突出展厅的风格特色，所有墙面文字均采用独创设计字体，整体式样简洁、清雅，大小适中，适合阅读。为了给观众尽可能多的阐释信息，设计团队绘制了大量的线稿，或与文物结合，或诠释文物内涵，这些线稿为观众提供了不同的观察视角。吴中博物馆基本陈列的展品说明也采用了集中展示方式，摒弃了每件展品配一张说明牌的做法。这一方面是由于基本陈列的文物展示较为集中，数量众多，单独的展品说明会打乱简洁的视觉效果；另一方面，我们也希望观众在观看文物时，可以有一种游戏的感觉，在寻找中加深对文物的印象。

　　展示内容丰富、信息量大，是吴中博物馆基本陈列尤其是"吴风"展厅的一大特点。40米手绘长卷所展示的主题均与展台——对应，展墙侧重于通过绘画和"霍格沃兹墙"的互动来让观众参与展览，而展台则承担了更多信息释义的功能。但展台面积有限，展示内容偏多，因此设计团队通过平面结合实物、多媒体互动装置等方式，以凝练的图版语言阐述核心内容，有效传播展览信息，既生动有趣，又富有知识普及性（图3-34）。

（6）灯光深化

整个展厅比较明亮，是吴中博物馆基本陈列区别于很多博物馆展览的一个重要特点。在最初做建筑勘察时，设计团队即发现了馆内有多处自然光线，于是，如何在后期灯光设计时利用好馆内已有的自然光这个问题，就被纳入了设计师的想法中。在灯光的深化过程中，设计团队结合建筑的自然光源天井，采用了逐层递进的方式来协调进展厅和出展厅后再进入天井的关系。除此之外，在展厅中还有很多大大小小的天井，为了确保天井能够营造自然的光线，设计团队也与暖通、消防团队进行沟通，尽可能将天光向上抬高，让光可以柔和地打在空间里。

除了空间上的灯光设计外，设计团队对展柜内的灯光设计也做了很多尝试。对于重点柜的柜内灯光，设计团队会事先根据亚克力板的运用以及展柜顶部灯光的设置，结合具体陈列的文物以及空间基调进行灯光模拟。整个照明体系实现了全馆灯光色温和照度的实时调控（图3-35）。

灯光照明设计师在深化过程中不断进行灯光实验，探讨各种可能性，力图找到最适合吴中博物馆基本陈列的灯光方案，以提升整个展馆的照明设计质量。我们知道，单一的布光方式通常会让展厅以及展柜的光线生硬、刻板，而综合运用面光、线光、点光、射光等不同样式的灯光，会使空间层次更为丰富，灯光过渡更加柔和，观众观看起来更加舒适（图3-36）。

例如，在上文提到的澄湖遗迹区域多媒体展项，在做灯光深化设计时，我们就是通过先打点光，再到线光，最后到面光的流程进行灯控，结合多媒体，来呈现舞台戏剧性效果。而在一些场景设计中，因为选择的布景材料不同，灯光设计师往往要针对这些材料反复尝试不同品牌以及不同形式的灯光方案，以

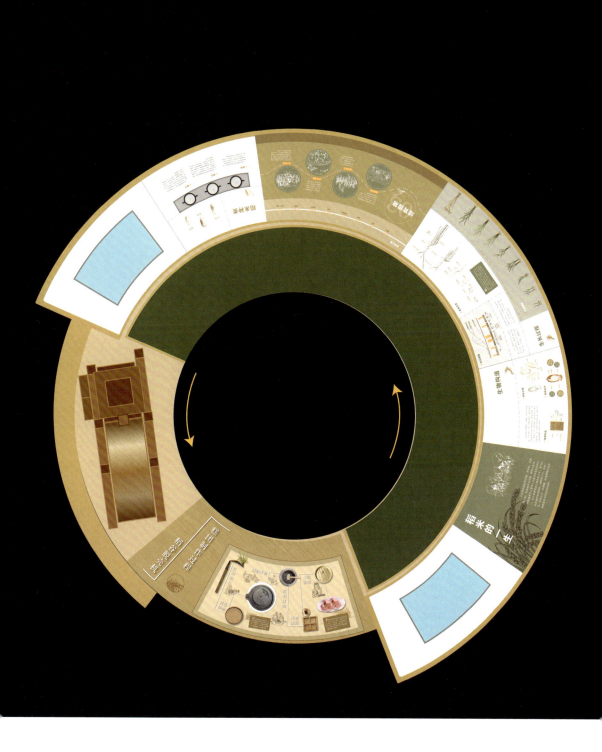

图3-34 "吴风"展厅水稻田互动展台平面设计

4、大独立柜照明

照明模拟数据

照明场景设置
基础照明：
· 面板灯 10%

重点照明
· 宽角度射灯 100%
· 窄角度射灯 50%

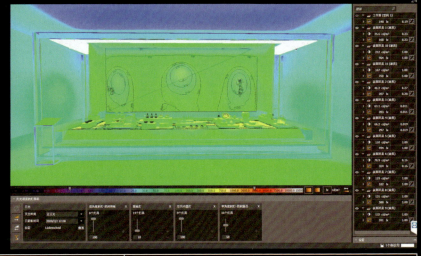

展柜名称	展品表面照度			背景照度			
	展品顶面	展品侧面	展品高光点	背景底板	背景顶板	一级图版	二级图版
F11-TG	500lx	200-500lx	500-800lx	300-500lx	200-300lx	/	/

图3-35　柜内灯光设计（上）
图3-36　灯光实验（下）

图3-37 澄湖遗迹的照明灯光控制设计

挑选出最适合博物馆的灯光样式和方案（图3-37）。

在整个深化工作过程中，每个专业板块都是由不同的团队同步深化完成的。为了避免沟通信息偏差，设计团队内部会进行专项清单交底，各专业相互交底。这个清单也是随着项目不断深化，对各个专业的单项也会及时进行调整，将变动及时更新给现场施工负责人（图3-38至图3-40）。

时间过得飞快。2019年6月，由吴中区文化体育和旅游局牵头召开了一次展陈方案深化设计推进会。当时展陈深化方、展陈大纲编写团队以及博物馆相关工作人员一起参加了会议，与会领导及相关工作人员围绕展陈方案深化设计进行了讨论和研究，对展陈形式及展陈内容提出了多项意见和建议。各项深化工作在具体的指导意见之下加快进行。2019年底，突如其来的疫情打乱了很多工作的节奏，虽然

吴中博物馆场景艺术品制作清单

项目概况

项目名称	吴中区博物馆场景艺术品制作清单					项目编号	
设计负责人	马文帅					确认时间	
资料提供	吴中区博物馆馆方、吴中区文管所、苏州市考古所						

分项内容

展厅名称	部分名称	单元名称	分项名称	效果图	展项描述及要求	材料	尺寸（长*宽*高）mm	数量	备注说明	完成情况
考古探吴中	序厅		序厅艺术石		序厅考古背景墙底部艺术石	GRC塑形着色、综合材料	石：3236×1518×840			
	一、吴地生民	林泽生息	三山岛遗址石器互动（放大镜）		放大镜观察旧石器时代砍砸器		放大镜：半径50厚度98			
			动物骨骼微缩拼接模型		三山岛史前遗址中的动物（种类特选择，3个）					
			三山岛遗址复原		3D微缩遗址儿童可以从洞眼处观看		3D微缩遗址986×625×517			
			草鞋山遗址地层复原		根据草鞋山遗址地层文化层，复原各个文化层地层以及地层内的文物碎片	GRC塑形着色、综合材料	左墙4600×300×3700，右墙2400×300×2700			
		饭稻羹鱼	考古工具复原		勘探工具洛阳铲、探针、遥感设备等测量工具卷尺、水平仪、铅锤、线绳、钉子等发掘工具手铲、叶形手铲、刷子、竹木镶等收型记录工具书写板、记录本、笔、标本袋等、标签、比例尺等采集以及复制（1）考古笔记；（2）考古绘图		各一个			

吴中多媒体制作确认交底单

项目概况

项目名称	吴中博物馆		项目编号	
设计负责人			确认时间	
资料提供				

展厅名称	单元部分	子单元部分	效果图	展项名称	展项描述及要求	硬件	数量	安装方式	尺寸（长*宽*高）mm	参考分辨率	备注说明	其他
考古探吴中	一、吴地生民	序厅										
		林泽生息		三山岛遗址考古	【展示形式】二维动画+考古影片，32寸触摸一体机【影片时长】考古影片60秒+二维动画120秒【展项内容】1.点播观看三山岛遗址考古影片；2.观者可选择任一种石器，通过二维动画演绎不同形态的石器工具在不同场景下的效用。【制作方式】资料收集/UI设计/软件开发/脚本创作/二维动画/拍摄/影视特效合成/剪辑/包装/配音/配乐	32寸触摸一体机	1	造型展柜内嵌	758*451.8*69.8mm	1920*1080		
				环境考古	【展示形式】影片，50寸工业显示器【影片时长】180秒【展项内容】通过专家讲述的方式展示环境考古的基本方法、工作过程及其意义。【制作方式】拍摄/影视特效合成/剪辑/包装。	50寸工业显示器+PC	1	壁挂内嵌	1140.9*671.9*82.3mm	1920*1080		
		饭稻羹鱼		这是谁的骨头	【展示形式】互动感应识别，物体识别装置【影片时长】48秒 6种动物【展项内容】骨骼模型互动感应，展示与骨骼对应的动物轮廓及所处部位及动物二维动画。【制作方式】资料收集/架构设计/原型设计/UI设计/软件开发/视频包装	22寸触摸一体机+识别感应	1	造型展柜内嵌	525*316.5*47mm	1920*1080	6种动物（特定）	
				泡粉形态	【展示形式】影片，22寸触摸一体机【影片时长】【展项内容】操作转盘装置至任一泡粉位置，显示屏内展示相对应的泡粉短视频。【制作方式】资料收集/架构设计/原型设计/UI设计/软件开发/视频包装	21.6方形屏+物理感应+PC	1	壁挂内嵌	393.26*393.26mm	960*960	6个感应点	
				早期稻作农业考古	【展示形式】显示影片，32寸工业显示器【影片时长】180秒【展项内容】以影片的方式展示长江下游地区最重要的早期稻作农业考古发现相关内容。【制作方式】资料收集/脚本创作/影视特效合成/剪辑/包装/配乐。	32寸工业显示器+PC	1	壁挂内嵌	758*451.8*69.8mm	1920*1080		
		先吴渊源		吴地文化述源	【展示形式】触摸查询+影片，43寸触摸一体机【影片时长】210秒【展项内容】录制专家短视频，通过专家讲述的方式展示有关良渚文化及吴中地区良渚文化遗址、先吴文化渊源的问题。【制作方式】资料收集/架构设计/原型设计/UI设计/软件开发/拍摄/影视特效合成/剪辑/包装。	43寸触摸一体机	1	壁挂内嵌	1010.6*599*82.3mm	1920*1080		
				澄湖底的千年记忆	【展示形式】通电玻璃+投影影片【影片时长】120秒【展项内容】围绕良渚文化时期出土的黑衣陶金鲨型贯耳罐上纹饰展开，以三维拍摄影片的方式展示澄湖遗址的发掘、考古发掘经以及遗迹分布及复原，诠释澄湖遗址所承载的丰富历史文化。【制作方式】资料收集/脚本创作/三维制作/影视特效合成/剪辑/包装/配音/配乐	佳能投影机*2（1*2）+通电玻璃联动+PC		场景造型内开口安装定制安装结构	玻璃展柜6000*3000画面大小6000*2000	3600*1200	具体分辨率需待实际影像画面方准可按比例调整	
备注												
确认栏		设计负责人				多媒体负责人						

图3-38　艺术品清单（上）

图3-39　多媒体清单（下）

分项制作清单——照明												

WH-SJ-GZ-019

项目概况:

项目名称	吴中博物馆		项目编号	
设计负责人			确认时间	
资料提供				

分项内容

平面布局图	顶面灯光 轨道射灯 软膜灯箱 线性灯带	地面灯光 线性灯带	对灯具:安装位置、灯具要求、照射角度、光照强度、照射效果等进行说明。

展厅名称	单元名称	序号	效果图	效果描述	灯具种类	品名、品牌	规格、型号	色温	照度	数量	备注说明
考古探吴中	序厅	1		序厅背景墙（重点照明） 1.顶部洗墙灯洗和纸 2.轨道射灯照亮展标 3.造景石射灯照亮	软膜灯片 轨道射灯 线性灯带						
				纱幔艺术造景 1.顶部灯箱软膜仿照自然光 2.造景树和前言射灯打亮 3.墙面底部向上300mm处暗藏灯带 4.地面石材收边处暗藏灯带	软膜灯片 轨道射灯 线性灯带						
	第一展厅吴地生民	2		吉金铸史中心展柜 1.柜外灯光照明 2.立体图版光线柔和 文物清晰可见 说明牌亮度清晰 3.地面石材收边处四周暗藏灯带	轨道射灯 线性灯带						
				吉金铸史密集展柜 柜内灯光照明 立体图版光线柔和 文物清晰可见 说明牌亮度清晰	柜内灯光						
		3		吉金铸史中心展柜造景 造景树纱幔射灯打亮	轨道射灯 柜外灯光						
				吉金铸史密集展柜 柜内灯光照明 立体图版光线柔和 文物清晰可见 说明牌亮度清晰	轨道射灯 线性灯带						
		4		坐见四邻中心展柜 顶面软膜灯箱仿照自然光	软膜灯片						
				镜鉴泉货造景区域 1.墙面石材及空白墙面 射灯打亮光纤柔和	轨道射灯 线性灯带						
		5		吉金铸史密集展柜 柜内灯光照明 立体图版光线柔和 文物清晰可见 说明牌亮度清晰	线形灯带						
				坐见四邻密集展柜 柜内柜外灯光照明 柜内文物离墙展示注意阴影交叉 文物清晰可见 说明牌亮度清晰	轨道射灯 柜内灯光 柜外打光						
				镜鉴泉货造景区域 1.顶面软膜灯箱仿照自然光 2.造景树注意阴影区域不可夸张	软膜灯片 轨道射灯						
		6		坐见四邻中心展柜 1.竹帘盒暗藏灯带下打光 2.场景化展柜注意整体环境照明 文物需突出单独射灯照亮	软膜灯片 轨道射灯 线性灯带						
备注											
确认栏			设计负责人			灯具负责人					

图3-40　灯光交底清单

受外部环境影响，但展览深化工作其实并没有停止，团队进入线上工作状态，通过线上会议持续讨论优化，最终如期与现场施工方一起迅速进入实施交底状态。

（三）后期施工落地

线下工作全面恢复时，距离开馆时间仅剩三个多月了。在三个月内做好一个如此体量的基本陈列，任务相当艰巨，所有人都进入全面抢工的状态。在这个阶段，大家的注意力也都转移到了现场。伴随着项目各时间节点的临近，一股无形的力量将所有人牢牢团结在一起。

非常有限的施工布展时间，对整个团队的配合度及执行力是极限考验。为了追赶进度，我们优化了很多工作的流程，将原本放在不同时间完成的工序尽可能优化为同步推进。能够在现场解决的问题绝不拖到他处。对于现场施工，我们采用非常严格的30/80设计管理体系，这个管理体系将整个展览过程根据先后顺序及不同专业的工作进行阶段划分，并且分阶段计划工作总量占比。这样便使得庞大作业团队中的每个人都非常清晰地了解自己在什么时间点应该完成哪些工作，因为每个岗位都有自己的30/80管理流程，每个人在各自的岗位上以项目时间为节点，共同推进项目进行，整个施工过程中沟通成本大幅降低，效率大大提升（图3-41）。

对于主案设计师而言，项目前期交底是整个项目施工之初最为重要的工作。所谓交底，主要是指面向整个项目施工方和供应商进行详细沟通，确保每个人知道项目的由来、背景、设计思路、设计亮点、施工难点，以及其他子项如艺术品、多媒体等的一系列点位及清单，目的是确保项目实施过程中不漏项、不少项，完美呈现预期效果。为保证基本陈列项目的顺利交底，设计团队对每个厅都制

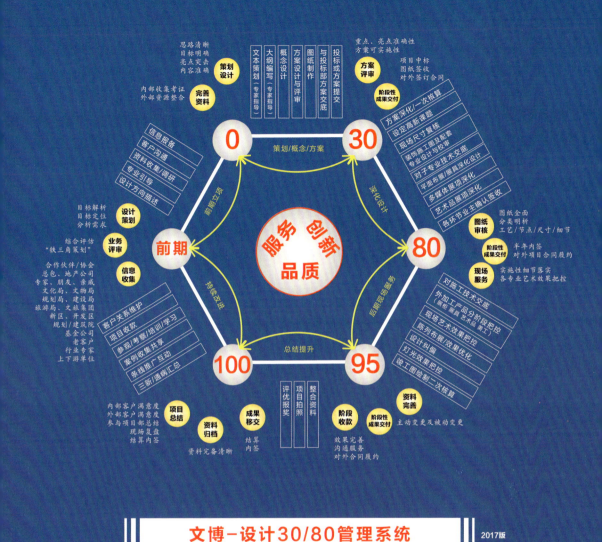

图3-41　30/80管理流程

作了交底PPT，交底工作每天从早做到晚，共持续了一周，在交底的过程中，设计师团队和施工方以及班组、供应商、材料采供部门对每一个空间的详细工艺做法、选材进行深入讨论，从而反向完善施工蓝图（图3-42）。

打样这个环节是非常必要的，同时也是非常熬人的。交底后，设计团队和施工项目组就已经讨论出一系列的项目打样清单，涉及空间造型、异形展台、多媒体设备、艺术品以及展柜和灯光各方面的打样工作。现场施工方会根据清单来进行打样（图3-43）。

其中平面设计可能是打样最多轮的工作，设计团队在现场多次进行打样效果讨论，以此来调整最终下单制作的深化设计文件。在这个过程中，博物馆团队的全程跟进与指导是非常重要的。当时时间紧、任务重，但即便是开了一天会，会议结束后，只要有打样需要确认，博物馆团队同设计团队都会立即到现场进行打样确认，基装、艺术品、平面……工作至深夜是当时的家常便饭，但似乎每个人都铆足了劲儿，因为我们知道，自己精心打造的展览即将问世，即将带着我们每一个人的期冀面向观众，接受来自社会的检验（图3-44）。

各个团队通力配合，用最短的时间完成样品确认、制作和现场基装，布展工作也马上开始了！文物布展是非常令人紧张又需要小心谨慎的工作。设计团队与专业文物布展团队一起配合，并为此做了大量的准备工作，包括提前对展厅进行深度保洁，预备超量金属展台和抓件，在每一个柜子上贴好布展的柜内设计图纸和文物清单编号，在每个柜子布展结束后对柜子内外同时做好保洁工作，尤其是展柜内部玻璃面上不能有一个指纹，等等。与此同时，为保证灯光照明方案达到预期，我们邀请专业的灯光调光师对每个展柜进行调光，最终再对整个展馆的灯光做一次全面的灯光调整。智能化的调光模式此时便展现出它的便捷优势（图3-45、图3-46）。

慢慢地，整个博物馆就这么一点点被点亮了。

考古探吴中——第一部分先民安居

1、林泽生息

墙面： E05三山岛遗址模型展台以及背景墙均为可移动的，背后文物输送通道。墙面白色肌理漆，靠墙通柜上口封起来，左右两侧留30MM，上方留30MM洞口。

展柜内部图版雕刻氛围剪影结合图版文物。

三山岛微缩遗址模型立面效果

草鞋山遗址场景复原地层

地层学标注

图版展墙　金属立体字

展柜上箱 白色乳胶漆，两侧工艺雕（参考吴雅）所有通柜上方统一，同类型通柜高度统一

立体字（中英）

白色肌理漆墙面

柜内立体剪影图版（金属或木机雕）

钢骨架隔墙（贴图版）

三山岛遗址模

互动说明牌

E05 史前考古互动区域，基层钢骨架面层水泥塑形夯土地层要根据草鞋山考古资料来复原。

图版　夯土墙　定制展柜

图3-42　展厅交底记录（上）
图3-43　"吴风"展台打样（左下）
图3-44　施工现场（右下）

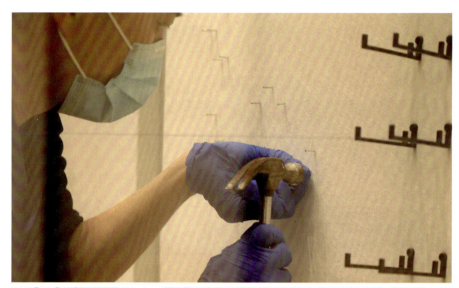

图3-45　布展过程（上）
图3-46　区领导调研博物馆布展情况（下）

三、做展览·侧记

罗马非一日建成，吴中博物馆的基本陈列也是如此。在回顾整个做展览的过程时，我们以"内容 + 形式"的组合，融入历时性的叙述逻辑进行阐述。但其实，每一位参与这个展览的工作人员都会有自己独特的感受与独到的视角。为此，下文专门采访了吴中博物馆展览陈列部门中参与基本陈列制作的人，从"他者"和"侧记"的角度重新理解做展览这件美妙的事。

（一）被访者：龚依冰　吴中博物馆展览陈列部副主任

1.在基本陈列的建设中，你承担哪一部分的工作？

最初从内容文本准备开始,确定展览大纲后,我也要对接设计。一边磨内容文本，一边在设计方面进行审定调整。在设计阶段，会发现内容上的不合理，以此做一些调整工作。然后，开始准备基本陈列最重要的基础藏品。我们很早就开始对藏品进行研究整理,最开始的工作就是梳理藏品的种类,大纲也是按照藏品的特点进行编写。在这个过程中，我们对藏品的来源进行标注。很多藏品都来自吴县文管会的考古发掘工作，它们有明确的遗址单位，对其内涵、历史意义、价值、工艺的研究较充分。我们也会对这些文物与遗址所体现的整个苏州历史发展过程中的特点进行梳理。

2.如何对文物及其背后的历史资料进行研究？

一些文物有比较明确的考古发掘资料，我们就从考古报告入手。比如木渎古城，我们一方面对考古发掘报告进行研究，另一方面对木渎古城进行实地考察，了解古城的范围、现状等。通过文献和田野调查两方面，对木渎古城进行比较深入的了解和研究。再比如"吴风"展厅，因为它所关注的并不都是苏州的考古文博、文史，而是比较偏重于风物。所以，当时我们也查阅研究了大量非文博资料，如有关植物生长、大闸蟹、水八仙的书籍等。

3.你主要负责"吴风"展厅的布展工作，能否详细介绍一下这个展厅？

"吴风"展厅比较特殊，它有很多互动的内容。首先，霍格沃兹墙描绘了吴中的山水、吴中的风物。其次，还有比较多的多媒体设施，包括古镇、古村以及香山帮传统建筑营造技艺、苏绣等非遗文化都通过展厅的多媒体进行表达。最后，对于水八仙、碧螺春，静态的图片呈现会让观众觉得乏味，我们就将实物呈现给大家。观众来参观时可以伸手触摸，感受也会更强烈。来自吴中地区的观众看到这些比较寻常的事物会倍感亲切，尽管这些内容是他们平时没有过多关注的。

4."吴风"展厅的布展大概用了多长时间？

我们从 2020 年 5 月底 6 月初开始把打包好的上展文物分批运往博物馆。按照"考古探吴中""吴雅""吴风"的顺序开始布置展厅。我们馆的文物大多是密集式陈列，文物数量特别多，有些需要做支架，有些需要布置上墙，文物的尺寸需要提前测量。总之，"吴风"展厅布展用了一个月的时间。

5.在布展过程中，有没有对展厅中的互动设施进行调整呢？

有调整的，我们会根据设计公司的样品提出我们的修改要求。比如展厅中水八仙荷叶的尺寸以及细节就做了许多修改。首先，展厅中水八仙荷叶是巨型的，与我们日常接触到的荷叶不是同一个尺寸，这也是为了方便展示以及突出细节。其次，荷叶表面是会附着一些小粗糙、小毛刺的，我们与设计公司进行沟通调整，对这个地方改善处理了一下。在展品展示过程中，需要放大细节的地方，如果做得很粗糙，那就失去了设置多媒体展项的意义，和简单的图片呈现没有区别。

6.在筹备"吴风"展厅非遗部分时，是如何做的？

我们当时走访过很多地方，比如陆巷古村，要完成古村的沙盘模型，就必须了解古村的现场规划以及整体布局。再比如香山帮的非遗展示部分，首先，查阅大量的文献资料是基础；其次，收集关于香山帮的书籍以及香山帮使用的工具，像泥刀、锤子、木斗等；最后，走访香山帮现存的建筑，比如雕花楼等。"吴风"展厅的展柜里放着一个非常繁复的砖雕门楼的模型，也是请香山帮专业的公司进行复制的。

7.布展的流程是什么样的？

布展前期的工作包括大纲的撰写工作、展览的设计工作等。展厅现场施工完成后，开始藏品与展具的挑选准备工作。首先是藏品的准备工作，其中包括对藏品是否适合展出的判断。比如有的藏品的状态不是特别稳定，展出存在风险。再比如有的藏品拿出库房后发现它不适合展出，那就需要更换与调整。其次是配套的展具准备工作。不同的文物需要不同的展具。比如一个盘子，它的主要历史信息在盘面，如果想要呈现盘面的内容，我们就会选择平放；如果想要呈现整个盘子的内容，就需要一个支架，把它立起来。但是有的展品特别重，并不适合立起来，存在安全隐患，就需要另外调整。

藏品准备工作完成后，开始摆放工作。摆放的过程中需要测试，文物放在里面是不是安全？是不是稳定？需不需要进行加固？有的文物是尖底的，就要额外准备支架。摆放工作完成，还需要对展品的位置进行调整。我们想要突出重点文物，就把它放在比较重要的、中心的位置。

文物摆放工作完成后，开始调整灯光与照明。照明需要配合整个展览，因为文物对灯光、光照有不同的要求，像纺织类、书画类文物对光特别敏感。这类文物对于照度有特定的要求，要小于等于 50 勒克斯，这也是我们馆使用人工光的一个原因。自然光有紫外线，对文物长年累月地照射，会有缓慢的伤害。

8.可以介绍一下展览筹备过程中出版的导览手册吗？

《吴中博物馆导览》包括图片采集和文物介绍编写两项工作。图片采集是我们在展览筹备前期就开始的一项工作，我们对单个文物以及整个文物出土单位都进行了整理。文物介绍必须在了解、熟悉每个文物的研究现状的前提下进行编写。吴中文管办之前出的《吴中文物》是比较早的资料，所以我们对研究现状这部分内容有一定的更新，做到与时俱进。

9.完成基本陈设的布展工作后，最大的感受是什么？

我最大的感受就是做展览要把内容把握好。展陈大纲的内容要有学术研究作为支撑，要有逻辑有条理。我个人认为内容是最重要的，形式配合内容达到烘托、深化的效果。内容在学术的基础上，要贴合观众，要转化成陈列的语言、展览的语言。要贴合观众的知识水平，审美要贴合文物本身。

（二）被访者：郭笑微　吴中博物馆文物保管部主管

1.你何时开始参与基本陈列的筹备工作？展览筹备期做了哪些工作？

我于 2019 年 9 月入馆，当时正处于博物馆的筹备阶段。入馆后，我们首先进行了基础的文物盘查工作，确定适宜展出的文物。其次与文管办进行交接，初步了解库藏文物的情况。最后和展陈部一起对文物状况进行梳理，确定库藏文物中珍贵文物的大概数量、保存现状等，同时进行展陈文物的挑选工作。在基本陈列筹备阶段，我主要在盘库的基础上进行一些展陈辅助工作。在开展前，展陈部进行了大量的文稿梳理工作，而我主要负责汉代至清代馆藏重点文物图录文稿的撰写。

在文物梳理与图录撰写完成后，我们大概从 2019 年 11 月开始与文管办进行文物的点交工作。点交文物花费半年的时间，因为文管办的文物计件计数方式与我们博物馆的要求不一样。除了已记录在账的文物之外，还有一些达不到展陈标准的参考品文物，所以在盘点文物的过程中，我们对所有的文物以及库藏文物账进行了重新梳理与编号。

我记得大概是在 2020 年 3 月完成了文物移交工作，之后便开始对需要上展的展陈文物和一些未必能上展但是比较精美的文物进行照片拍摄与三维数据扫描的准备工作。4 月中下旬开始文物的包装运输，包括拍照、打包、装箱、记录箱号与文物的保存状态，每天进行工作记录、归档。5 月底，我们开始陆续往馆内运输文物，先运输上展的展陈文物，其他的暂存在文管办的库房。布展完成后，再把暂存在文管办的文物统一运送到我们博物馆的库房。前期的准备工作大概就是这样。

2.在梳理文物信息的过程中有没有遇到一些困难？

有的，有些文物的资料并不是非常齐全，它不在文管办出版的图录中，网上的相关研究也比较少。比如在"吴雅"展厅玉器的展柜里有一个"金五事"，在以前的文物账上它叫"金饰杂件"，但其实这个名称并不非常符合这件器物的定名标准。我们当时也是根据文物的状态，搜集各种相关资料，最后确定对文管办的命名方式进行变更，同时对器物的用途、保存情况进行了重新梳理。

3.布展过程中有哪些需要特别注意的地方？

布展时，我们一方面要基于整个展陈条线的梳理情况，另一方面要根据设计师的判断进行陈列，如展柜文物是否适合观众视线、排布方式是否美观等。

在布展之前，设计师会根据展陈需要设计效果图，效果图会精确到一个展柜里从左到右依次摆放了哪些文物。但到实际布展阶段，可能没有办法完全按照效果图落地。展厅中有些展柜的开启方式让布展受限，我们必须要从里往外布置。比如展厅中的龛柜，在布展过程中，布展人需要爬进龛柜布置。在这种情况下，我们就需要对文物及时进行调换。在保证文物安全的前提下，满足展陈条线的叙述清晰度，保证文物的陈列效果。我们基本上都会按照效果图对文物进行布展，但如果临时发现文物的尺寸与预计有所出入，或为了文物的安全性、美观度而无法按照效果图展陈时，我们就需要寻找与该文物有一定相似度并能够清晰表达展陈内容的另一文物进行替换。例如，在布置钱币展柜时，我们发现积木台的尺寸与最初预估的结果稍微有一些差异，所以对上展的钱币的摆放顺序和数量，我们都根据效果图做了微调。比如起初我们预估一行可以摆放 10 枚钱币，但最后布展时发现文物之间留的宽度不够，这就需要我们在现场对钱币进行取舍。

4.布展时，会采取哪些措施来保证文物的安全？

首先，配备基本的服装工具。在布展时，除了布置瓷器、丝织品这类比较滑的器物以外，必须佩戴手套。其次，随时确认文物的状态。比如某件文物准备进入展柜前，我们会先将其从箱子里取出，拆开外包装后，确认一下文物的状态是否在运输过程中发生改变，是否发生磕碰。比较庆幸的一点是，在整个文物运输的过程中，没有发生文物损毁的状况。最后，提前确定文物摆放的顺序。我们会将展台从展柜中取出，在柜外比较开阔的空间，确认文物在展台上的具体位置，定点摆放，以此保证文物在进柜时能够一步到位，无须来回挪动，造成不安全情况的发生。

5.为何进行文物三维扫描工作？扫描的过程中需要注意什么？

我们选取上展文物进行三维扫描，这些文物基本上都是我们馆藏中比较典型、具有代表性的珍贵文物，比如琥珀双儿、釉里红云龙纹盖罐。我们馆针对文物开展的三维扫描工作，无论从件数上还是从重要性上而言，与大部分博物馆相比都是比较领先的。

首先，在布展前完成三维扫描工作，于文物安全有一定意义。三维扫描对文物有一定的危险性，扫描过程中需要把文物放在移动的托盘上不停地旋转，对文物进行定点拍摄。在这个过程中，保管人员需要近距离地保证文物的安全。小件器物的扫描工作相对比较容易，但类似于越窑青瓷楼阁式堆塑罐这类工艺复杂的大件器物，将其放在托盘上旋转进行三维建模是一个很危险的过程。这种情况下就需要我们有很强的责任心以及足够的安全意识，时刻注意文物摆放的位置是否合理，旋转的速度是否会对文物产生影响等问题。若布展完成后再对文物进行三维扫描，就需要将文物从展厅中取出，这又是一件比较复杂且危险的工作。故在布展前完成三维扫描工作对文物的安全性，包括后续各项工作的开展都有重大的意义。

其次，三维扫描工作对后续的文物保管工作、社教研究工作都有重要的帮助。文物入库后，我们需要时刻监控文物的保存情况与保存状态，同时也要对馆藏文物进行研究。如果只有二维的拍摄画面，文物的一些细节无法全面呈现。而三维扫描能够提供一个立体的文物状态，通过三维模型可以较为全面地看到文物当时的保存情况。在研究文物时，可以通过三维模型清晰直观地观察器物，如器物纹饰的样式、整体走向等。这对保管与研究工作，包括后期相关的策展工作都有很大的好处。

最后，三维扫描技术使得文物呈现方式更加立体科学。传统的文物呈现方式使得文物的背面、底面成为视野盲区。在三维建模与多媒体技术的加持下，我们可以在展厅中呈现文物的三维状态，给予观众更加立体直观的视觉感受。

6.库房管理和展览有何关系？

基本陈列展线上的文物与库藏文物一样，都需要悉心呵护，需要专业的管理。专业的、科学的库房管理流程和方法，是保证文物安全的必要条件。我们馆的库房于 2020 年 12 月开始投入使用。基本陈列布展完成后，我们开始搬运其余未上展的库藏文物到馆内库房。搬运完成后，需要对文物进行拆箱检查，并对文物的情况进行记录。为了方便后期博物馆文物的管理工作，我们依据文物的类型、库房的保存环境对这些文物进行了分类分库分区保管。分库完成后，还需要对文物再次分类。比如放置有机质文物的库房，不仅放了书画，还有漆器、木器、玉器等。这时就需要对这些文物进行排架，明确分类不同的柜架放了哪些编号的文物，放了哪些类别的文物。

不同类别的文物对环境的要求也是不同的。根据不同文物对温湿度的要求对库房进行了区分。有专门的纸品库，纸品库主要保存对温湿度要求比较高的文物，比如书画、玉器这类文物，它们要求湿度基本常年保持在 50% 至 55% 之间。再比如青铜器这类文物，如果湿度过高，会发生锈蚀，保存这类文物的库房的湿度需要常年恒定在 35% 至 40% 之间。我们平时会根据不同的库区、不同的文物分类，对库房的保存环境进行日常监测，其中最重要的就是库房的温湿度。除此之外，库房管理还涉及文物的除尘、除虫、除霉，这些工作都需要进行日常监测。如果发现环境有变动，比如苏州梅雨季节湿度很大，就需要及时地对控制库房温湿度的空调设备进行调整，同时定期投放一些除虫除霉的试剂，实时监控梅雨季节的湿度变化，确保文物保存环境的参数在一个恒定的范围内。

展厅也有同样的监测机制。展厅里大部分的展柜都有恒温恒湿机，同时也有温湿度实时监控 App。我们可以实时监控展厅和库房任何时间范围内温湿度的情况，如果有温湿度的变化，就及时进行调整。

7.能否介绍一下藏品数据库？

藏品数据库是一个方便文物科学管理的线上小程序。现在各个博物馆都开始应用数字化的线上管理手段。我们博物馆日常还是采用传统的纸质管理方式，但除了要进行实操模式的文物管理以外，还需要建立线上的藏品信息系统，对文物信息进行数字化管理，做到线上线下数据相一致。

除此之外，我们馆产品信息系统中不仅有馆藏所有文物的数据，还有文物养护修复记录、文物外借情况、文物移交征集情况等，涉及文物日常管理的各项工作。也就是说，文物信息系统除了拥有快速检索文物信息的基础功能，还可以对文物进行日常管理工作记录，相当于一个线上的文物台账系统。

8.在工作过程中有什么心得体会？

我们在工作过程中需要一边学习一边积累经验。无论是展厅的布展工作，还是文物日常的管理保护养护工作，都需要我们时刻保持学习的状态，如自主学习相关行业的法律法规等。在与同行交流、合作伙伴交流的过程中都能学习到很多关于布展、策展、文物保管方面的经验。所以我觉得在工作过程中需要不断地更新自己的技能，更新自己对文物管理、策展方面的认知，为之后的工作做准备。

（三）被访者：章璐　吴中博物馆展览陈列部馆员

1.你主要负责基本陈列策划的哪些部分？

我主要负责馆内基本陈列"风雅颂吴中"的"吴雅"与"吴颂"厅。"吴雅"和"吴颂"展厅不同于"考古探吴中"与"吴风"厅，后两者展厅面积大，展览动线长，内容较为丰富。馆内陈列的文物时代跨度较大，从东周延续至清末民国。陈列文物总量 500 余件，其中一级文物 24 件，二级文物 38 件，三级文物 60 余件。总体而言，文物数量多、级别高，展厅场景大，需要灵活运用多媒体等数字展陈形式。而"吴雅""吴颂"展厅面积相对较小，展览所涵盖的时间跨度相对较短。

"吴雅"展厅承接于"考古探吴中"之后，采用密集式陈列方式，在一个展柜中大量密集地陈列同类型或相近类型、相近时代的相关文物。展厅主要有两大特点：第一，涉及遗址墓葬数量较多，包括西塘河遗址、窑墩汉墓、狮子山傅氏家族西晋墓、张陵山张氏家族西晋墓、东渚宝山东晋墓、姚桥头唐墓、七子山五代一号墓、篁村宋墓、御窑宋墓、高景山元墓、李仲仙清墓。针对一些重点墓葬，我们采用安装了高透低反玻璃的中心展柜进行呈现，以达到强调的效果。第二，展厅结合了吴中地理特点。苏州的地势为西高东低，吴中作为一个狭长的条带状区块，延续了西高东低的地势特点。在"吴雅"厅可以清晰地看到相关墓葬在吴中地图上的标记，主要的高等级墓葬、家族墓一般都出现在西面的山地丘陵地区。这个发现对吴中相关的考古发掘、科学研究都有一定的借鉴意义。除此之外，在陈列中我们也设计了一些辅助展陈的方法，设计了个别规模较小的多媒体展项。

"吴颂"展厅大致包括吴语、吴音、吴乐，以展示吴地语言文化、音乐文化为主。展厅的面积较小，整体为一个方正的形状。打造"吴颂"展陈空间从两个方面出发，首先，展陈形式方面，我们倾向于营造一种符合江南吴语文化、雅致深邃的沉浸效果，所以选择木纹为底色设计整个陈列空间。其次，我们在展览中构建了一个"吴地文化小型图书馆"的概念。主要有两个作用：第一，从展陈效果出发，能够给予观众置身于图书馆的体验，达到沉静、静谧的效果。第二，搭建系统化的博物馆图书体系。图书馆的筹备花费了将近半年的时间，我们以吴地文化为出发点进行图书采集工作，涉及考古、人文、艺术、历史、社科教育等相关领域的书籍、外延性图书、考古学界最新的研究性成果和发掘报告，以及兄弟单位值得借鉴的博物馆展陈图录、文物研究、文创产品设计图书等。

2.展厅采用密集式陈列方式的原因是什么？

目前，密集式陈列方式广泛运用于各大博物馆的展陈中。这种陈列方式主要有两个特点：第一，密集式陈列方式的实现有赖于所属文物收藏单位的高文物收藏储量；第二，文物类型相近时，密集陈列能够给予观众独特的视觉感受，充分展现同一类型或同一时代文化体量的丰富与文化内涵的深厚。

我们馆采用密集式陈列方式主要有两点原因：第一，文物数量大。考古发现的文物遗存、各地移交发掘的文物较多。第二，针对个别文物种类有比较充分的相关研究。比如两晋时期的随葬青瓷，我们将大量的青瓷密集地摆放在展柜中，能够生动完整地展示东汉末至南北朝时期庄园式经济的面貌。

3.展厅的设计有哪些小亮点可以推荐给读者？

比如"吴雅"厅，我们考虑到展厅的整体形式设计要符合展览的名称"风雅颂"，突出一种雅致的江南风尚。故在展厅布置中，我们在延续既往色调的基础上，采用宣影布、蚕丝布这种澄澈透亮的场景原料。除此之外，我们还与苏州本地具有当代艺术特点的花艺师合作，选取与展厅空间风格相匹配的花木材，进行现场的插花设计。同时，我们也计划在以后相关的观众活动中，能够邀请这些花艺师在展厅中进行现场的设计创作，与观众互动，共同在文物展陈空间中创作出独特的花卉作品。

4.在布展过程中，有没有遇到一些困难？如何解决这些困难？

首先，在布展过程中，我们要将500多件文物放进"吴雅"展厅的15个展柜中，在有限的空间内放置数量如此多的文物，每一个展柜的文物涵盖量较大。故在保证文物安全的前提下，文物的摆放位置需要提前计算，不管是放置还是调整文物都要格外小心。其次，展具的前期测量与后期制作存在一定误差，若我们在现场对比出一些不太合适的辅助展具，就需要进行返厂调试，重新设计制作。最后，因为我们馆内的展柜以大通柜居多，展牌统一采用一长条的设计。而长条设计要求每段文字的相对位置精确，文字必须能够与文物进行对应，所以展牌的设计制作也是经过了前期多次的精确测量才得以完成。

四、坚守·灵活与智慧的博物馆教育

教育是对展览阐释的一种实践。

基本陈列及博物馆建成并面向公众开放后，吴中博物馆根据自身的定位及特点，基于有限的资源开展灵活与智慧的博物馆教育工作，营建具有本土特色的学习情境，遵循具有现实操作意义的发展策略。

首先，灵活的博物馆教育的核心在于"精准"和"嵌入"。其中"精准"是指在开展教育活动前尽可能多地了解学习者，通过观众调查研究等方式，明确博物馆主要观众群体的特点与需求。开馆以来的观众调查研究显示，45岁及以下的观众占比近85%，77.71%的观众拥有大专及本科以上的学历，73.41%的观众的参观目的是教育与兴趣，82%的观众是结伴前来博物馆，观众的博物馆知晓率为73.57%，通过官方媒体与朋友推荐介绍获知的占比超过50%。调查问卷也显示，观众对教育活动的组织还有更明确的需求，如举办新颖活泼的博物馆活动、增加现场讲解场次、增加学生相关的主题教育、增加讲座与研学活动的数量等。此外，观众对与教育相关软硬件的设计也提出了明确需求，如制作方便老年人观看的展牌、增加互动装置、增加展厅相关文献资料的展示、增强背景和展墙说明文字的对比度等。综上，吴中博物馆主要观众群体的画像是，对吴中博物馆具有一定的认识，结伴而来，大部分以兴趣与学习教育为驱动，具有良好教育背景的年轻观众群体（图3-47至图3-50）。

故而针对吴中博物馆主流观众群体在活动形式上求新颖的诉求，我们策划推出了"博物馆演绎"和"博物馆传习"系列活动。"博物馆演绎"是通过音乐、舞蹈、诗歌、戏剧、影像等不同形式的表演和体验活动，在围绕展览主轴展开活动策划的同时，打破博物馆以静态展示为主的呈现形态，聚焦和吸引更多的

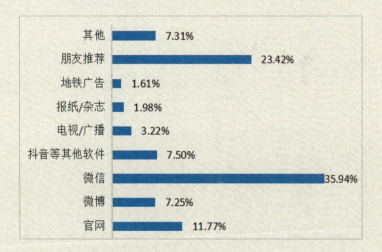

图3-47　吴中博物馆观众年龄分布（上）
图3-48　吴中博物馆观众获知博物馆的途径（下）

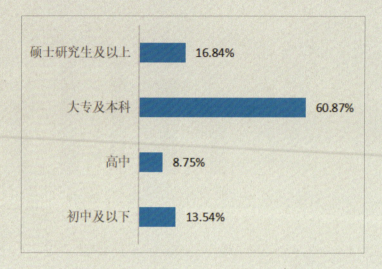

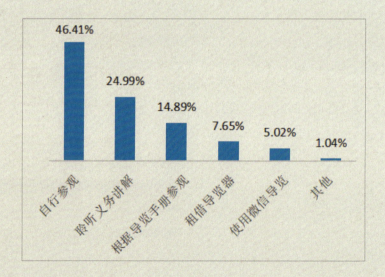

图3-49 吴中博物馆观众学历分布（上）

图3-50 吴中博物馆观众参观习惯（下）

图3-51　博物馆演绎活动

青年人进入博物馆的空间。开馆以来，吴中博物馆已举办近 20 场基于博物馆演绎的特色博物馆之夜（图3-51）。"博物馆传习"活动则立足于本地区极为丰厚和极为优质的传统工艺等非物质文化遗产资源，通过展览、讲演分享、动手课程等方式在年轻人中推广和传播非遗的文化，开馆以来已举办 50 余场。而针对本馆观众在数量上增加教育活动的诉求，我们则通过尽可能增加义务讲解班次（特别是节假日的）、增加学术讲座与专题研学活动的数量来予以满足（图3-52）。

　　此外，针对年轻观众群体高学历、重学习的特点，我们还策划实施了一系列专业性很强的学术活动。自 2020 年 6 月 28 日开馆以来，基于"考古探吴中""风雅颂吴中"基本陈列及相关展览，在疫情防控的特殊情况下共举办线上、线下讲座近百场，邀请考古学、历史学、文学、艺术学等领域的国内知名专家学者近百位，

艺匠传习

慧石味象：苏州澄泥石刻技艺体验课

时　　间　2022年1月16日周六上午10:00-11:30

主讲人　蔡春生 苏州市工艺美术大师，苏州澄泥石刻代表性传承人

地　　点　吴中博物馆一楼教育中心

图3-52　博物馆传习活动

讲座内容涉及吴文化、江南文化的最新研究成果，给成人观众群体提供了大量且优质的学术资源，产生了很大的社会影响。

例如，"吴县文物数字展"系列讲座中的"从大村西崖到中国营造学社——近代苏州宋元建筑的记录和研究"，因其专业内容的吸引力，加之苏州出色的宣传导向，引发了后来影响巨大的"寻宋之旅"。博物馆宣教团队其后也携手江浙国保单位、相关专题博物馆及学者，举办了"寻宋之旅"线上系列教育活动，活动带领观众实地探访江南宋元古建筑虎丘二山门、玄妙观三清殿、宋代遗构沧浪亭、杭州飞来峰造像（图3-53）。与拥有丰富古今中外纺织服饰文物的中国丝绸博物馆连麦直播，邀请相关学者普及宋代社会生活史等。

而根据讲座观众调查反馈中的"讲座互动和讨论不够"的意见，我们在学术讲座之外，还策划实施了注重交流的"悦读沙龙"系列活动，配合特展和最新出版的相关图书，邀请相关领域正当年或有潜力的青年学者，讲演和讨论、线上和线下相结合，线下每场控制在40人以内，线上每场参与人数多达数万人（图3-54）。

虎丘二山门

线上寻宋之旅

吴文化博物馆寻宋之旅——虎丘二山门

主讲人：巨凯夫 苏州大学建筑学院讲师
主要从事我国官式与风土木构技术史的研究，关注传统木构建筑形制与工艺，城乡历史
建筑保护与更新等领域。
直播时间：2022年5月24日下午16:00
直播平台：微博 @吴文化博物馆

图3-53 "寻宋之旅"系列活动（上）

图3-54 读书沙龙（下）

　　灵活的社会教育工作中的"嵌入",则指的是将教育活动和相关教育内容与建筑本体、公共和展览空间、全流程的博物馆体验更为紧密地整合。以提高吴中博物馆核心展品的观众认知度为初衷,教育团队在相关展览之外还做了大量活动和推广的嵌入,开发"拼,国宝——吴中博物馆拼图小游戏""找,国宝——博物馆出逃文物大搜捕"等学习游戏,举办了"国宝·印象:音乐 × 绘画创作沙龙""与想象力共舞:街头涂鸦共创工作坊",开设了"国宝手册:布艺拼贴装饰画""国宝手册:胶版印刷创作沙龙"等课程活动。

　　其次,智慧的博物馆教育强调教育工作的"效益"和"可持续性"。博物馆最有效率和可持续的教育产品是展览,阐释的智慧与否决定了展览的最终水准,阐释的能力才是博物馆的核心竞争力。作为一家以社会教育服务为核心职能的地区博物馆,吴中博物馆的展览均带有一定的教育属性,文物与文物之间,特展与基本陈列之间,都存在着能为课堂增添趣味性和吸引力的点。这为博物馆将展览变成课程的延伸创造了可能,让博物馆展厅真正变成了青少年与成人的社会教室,在展厅中播下教育的种子。目前我们针对基本陈列策划实施了至少 5 个专题的展厅课程,以满足观众进行展厅深度学习的需要。为了在线上扩大展览的教育效益,教育团队还固定组织撰写"观展攻略",通过不同专题的视角,吸引与引导观众进行博物馆展览的自主学习,充分发挥官方微信公众号"全功能、有特色"教育平台的作用(图 3-55)。

　　作为一家在疫情防控期间开馆的博物馆,吴中博物馆在官方微信公众号建设时就强化了其"全功能、有特色、重学习"的平台功能,以每周推送两期"吴文化 / 江南文化 / 博物馆"原创研究文章的频率,持续输出吴文化与江南文化,已推送了超过 380 篇具有学术性与教育性的原创文章,形成了"国际博物馆观察""匠艺研究""新吴郡岁华纪丽""跟着沈周逛江南""江南名士""江南风物""江南影像""市民考古""树碑立传""线上课程资源""文博小游戏"11个不断积累的专题板块,吸引了超过 12 万粉丝长期关注。其中"跟着沈周逛江

图3-55　博物馆展厅课程

南"系列原创文章，已由北京大学出版社结集出版。而除专题文章外，吴中博物馆官方微信公众号在此期间，也强化了功能菜单栏的"学习"功能，建设了"吴中区非物质文化遗产数字展示平台""吴中博物馆远程教育平台"，进一步满足了公众研究展览典藏、参与教育文创、参与数字非遗体验、参与博物馆学习活动、反馈学习意见等多层次需求，累计服务超过 100 万人次。

但聚焦展览阐释不等于忽略其他各种形式和载体的教育活动和产品，比如吴中博物馆开馆以来即对建设覆盖全年龄层课程体系投入了很大的人力和物力，课程体系包括"博物志与通识教育""工艺与设计""美术与审美""博雅与学术""策展实践与展览叙事""艺术传播与媒介素养""宝带桥""大运河"等系列课程。我们计划开发 500 门课程，目前业已完成了 100 多门课程的开发。而为了更好地将博物馆核心课程内容推广至学校、社区等更广阔的社会空间，同时吸引更多观众进入、探索博物馆，于博物馆中学习，吴中博物馆于 2022 年 5 月 18 日推出了第一期"吴博核心课程手册"，并面向全社会开放了核心课程手册的公益使用权限。除教材外，还配套有教师教案，学校、社区、福利中心等公益机构的教师均可免费获取第一期课程的全部内容。而在第一期课程手册使用意见的基础上，吴中博物馆正进一步细化课程规划，未来计划针对小学生、中学生、高校学生及社会成人四个受众群体的认知特点、学习需求，开发四期博物馆课程手册，以求可持续发挥博物馆"终身教育"机构的职能（图 3-56、图 3-57）。

作为非正式教育的学习场景，博物馆教育与学校教育之间存在天然的互补，特别是 2021 年中共中央办公厅、国务院办公厅发布"双减"政策后，博物馆更是愈发成为中小学课后学习地的优先选项。中小学是施行教育的重要场所，实施广泛的、全面的基础性教育；博物馆则是以艺术和实物讲述与传播、守护及传承文化的重要场所，其教育具有直观、形象和多样的特点，博物馆教育是中小学基础教育的重要补充。自开馆之初，吴中博物馆就与学校建立了联动关系，与本地 20 余家学校陆续达成了合作意向。

馆方一方面组织研究人员编写核心课件、教案、课程手册、课程原创推文，为馆校合作积累学习资源；另一方面积极与学校交流合作，制定"三步走"的合作方案。"三步走"的第一步是进学校开展博物馆先导课，内容包括"认识博物馆""吴地文化一万年"两门初阶课程，旨在帮助师生快速熟悉博物馆的价值；第二步是开展不同主题的"博物馆教育之夜"，旨在为青少年观众创造学习情境，自主拓展核心素养；第三步是开设博物馆选修课，内容上基于"吴中博物馆核心课程手册"，形式上分为校内博物馆选修课、馆内大运河系列课程、馆内宝带桥系列课程三类。"三步走"合作方案中的"教育之夜"已形成一个知名品牌，成为本地一年一度的青少年学习盛会。自 2020 年 12 月 4 日成功举办首期"博学笃行"博物馆教育之夜活动后，吴中博物馆根据每年不同主题的

图3-56　博物馆课程手册的应用一（上）
图3-57　博物馆课程手册的应用二（下）

图3-58　吴中博物馆馆校合作

展陈内容，相继开展了"文物里的江南"（2021）、"异中之同"（2022）两期"教育之夜"，通过不同主题的学习情境讨论了江南文化特色以及跨文化交流的方法。通过与合作学校老师的沟通，研究小组在活动前都集中翻阅了该阶段学生的全部教材，寻找馆校教学内容中交叉的部分，在学生认识的基础上开展活动，侧重问题导向、实物教学、团队合作、自主学习（图3-58至图3-60）。

　　除了"博物馆＋学校"的社会教育拓展外，"博物馆＋社区"也是吴中博物馆教育人员实现灵活与智慧的教育理想的重要阵地。近年来，"博物馆＋社区"模式成了博物馆界的热点。"博物馆＋社区"就是建立博物馆与社区居民的直接联系，让博物馆走出去，使深藏于博物馆的文物和文化知识可以在家门口被细细品味，推动博物馆公共服务进一步延伸和覆盖。正是在这一背景下，

图3-59 吴中博物馆"教育之夜"一（上）
图3-60 吴中博物馆"教育之夜"二（下）

图3-61　吴中博物馆志愿者走进社区

我们推出了"吴博说"志愿课堂进社区项目，由教育人员与志愿者带着课程走进众多社区、企业、学校等基层单位，以开放视角发挥更大的博物馆力量，进社区项目业已覆盖博物馆周边的全部街道社区，并且向着本市其他区县不断拓展。截至2022年底，"吴博说"志愿教育服务推广项目共开展历史文化宣教活动89场，参与活动6500余人次（图3-61）。

　　吴中博物馆的教育工作涉及较广，从最微观的一篇"观展攻略"微信推文的撰写，到一节博物馆核心课程的开发，一系列教育活动或产品的组织、策划、研发和实施，从最日常的讲解到相关政策及学科的研究，从与学校正式教育互补到搭建社区终身教育体系，等等，都是一种灵活而智慧的社会教育发展策略。

五、突破·博物馆的人设

人设，原指文艺作品中的角色设定。随着网络社会的发展，尤其是由于媒介屏幕所具有的拟定真实特性，"人设"这个词逐渐从特定圈层破壁而出，更多指向一种专门打造的外在形象与气质，这种打造不局限于明星等公众人物，也包括普通人。而当将"人设"这个词放置在博物馆这样的文化机构的语境之下时，则可以理解为是一种机构形象的确立与品牌打造。从某种程度而言，博物馆也需要"人设"，需要一种有意的培养与设定。

对于区域综合性博物馆的传播与品牌建设而言，博物馆馆藏、博物馆展览、社会教育活动等博物馆业务工作以及属地的文化历史、文化内涵及外延等，都是博物馆信息传播及"人设"打造的重要内容来源。我们在建馆之初即对博物馆传播进行了系统的梳理和规划，其中，基本陈列所展示的馆藏文物以及展览所涵盖的吴地历史、风物风俗、文化传承等内容本身即是博物馆传播中必不可少的部分。但如何将丰富的内容转化为可供不同年龄段的观众接受、理解、喜爱的媒介信息，则需要有步骤、有方法地进行建构。

（一）铺设传播渠道

传播渠道的重要性毋庸置疑，社会性媒体与自有平台同样重要。对于社会性媒体网的联络，首先，吴中博物馆聚焦本地传统媒体与新媒体，传播渠道涵盖纸媒、电视媒体及网络媒体。同时，沿着条线逻辑建立起与省级媒体、国家级媒体、长三

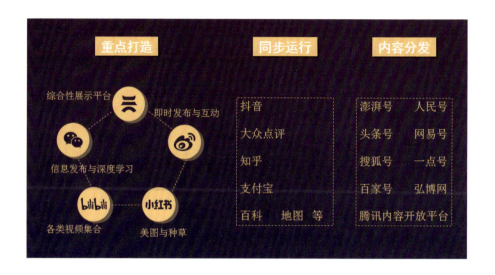

图3-62   吴中博物馆自有媒体平台

角媒体的广泛联系。此外，垂直类自媒体的影响力在行业内部也具有重要的作用，因此，与艺术、文博相关的垂直类自媒体也是吴中博物馆媒体圈建设链路上的重要组成。不同层级和领域的媒体在信息报道上的侧重点不同，但也因此可以形成差异化传播。其次，吴中博物馆非常重视自有媒体平台的建设。官方网站、小程序、微信公众号、微博和哔哩哔哩是第一批次建设的平台，经过一年多的运营，又在此基础上增加了小红书、知乎、大众点评、人民号、澎湃号、弘博网等社交媒体与资讯分发平台，更加广泛地覆盖不同信息接收群体。第三个层次是对社交媒体KOL（意见领袖）及KOC（关键意见消费者）的发掘及维系。通过以上三个层次渠道的搭建，为博物馆信息的传播提供了相对完整的媒体矩阵（图3-62）。

吴中博物馆基本陈列阐释信息层次多元，藏品内涵丰富，吴文化、江南文化、物质文化、非物质文化以图片、文字、视频等形式通过不同平台进行传播。例如，苏州本地媒体更多关注与江南文化有关的信息，而市外媒体则更多关注博物馆业务创新的内容和亮点。将微信公众平台定位为深度学习平台，微博则为信息

图3-63 吴中博物馆"国宝计划"

实时发布与互动平台，哔哩哔哩以发布中、长视频为主，小红书以高品质图文信息为主……在具体的传播过程中，我们将平台属性与展览信息高度适配，以实现最佳的传播效果。社会媒体与自有平台相互配合，各有侧重，围绕基本陈列的内容持续推送微信公众号"江南名士"等系列文章，微博打造话题"发现吴中博物馆"等，都取得了较好的社会反响和关注。传播渠道的铺设与打通为博物馆品牌形象传播提供了基础。

（二）发掘传播内容

文物是一座博物馆重要的传播资源，也是博物馆打造"人设"的重要的内容来源。吴中博物馆基本陈列共展出馆藏文物 1454 件，是吴中博物馆馆藏中的精品。为了让更多观众了解吴中博物馆基本陈列展出的文物，提升馆藏文物的公众知晓度，博物馆从 2020 年 12 月开始，组织实施了"国宝计划"（图3-63）。

首先，我们选出黑衣陶刻符贯耳罐（新石器时代）、鹦鹉首拱形玉饰（春秋）、楚途盉（春秋）、古琴（战国）、青瓷扁壶（西晋）、釉里红云龙纹盖罐（元）、青花束莲纹盘（明）、银槎杯（元）、双鸾瑞兽纹铜镜（唐）这9件不同时期、不同类型的珍贵文物进入"国宝"序列，策划类型丰富、可持续、可参与的系列传播活动，重点推介吴中博物馆基本陈列展出的九件"国宝"，从文物入手，提升博物馆展览的知晓度和美誉度。

"国宝计划"从展厅及公共区域的导览开始。为9件文物设计专门的导览图示，并结合包含讲解、图片、音频、3D模型等丰富文物信息的二维码，为观众提供更聚合、更多元的文物阐释信息，并在展柜以及观众参观动线上进行形象露出。在教育活动中，为让更多观众通过互动的形式认识9件文物，吴中博物馆的工作人员手绘制作"考古寻宝图"，用趣味问答的形式吸引观众关注重点文物。这一地图成了博物馆社教活动中重要的互动工具（图3-64、图3-65）。

此外，吴中博物馆还通过邀请青年艺术家及普通观众针对9件文物进行二次创作，将对文物的理解和阐释权重新交给观众。每个人都可以对文物有自己的解读，而博物馆可以用视觉、听觉、触觉等形式加以展示。8位青年艺术家用不同风格的绘画形式，赋予了古老的文物新的气质和形象：青花束莲纹盘可以是一只猫咪喝水的碗，而束莲纹则幻化成生长茂盛的自然植物；鹦鹉首拱形玉饰和釉里红云龙纹盖罐则变成了一个向往自由的热气球，它们期待通过一场旅行开启新的征程……吴中博物馆通过官方微博发起"国宝计划"大赛，面向社会发出邀请，受到众多观众、粉丝的回应。这些再创作的作品再现了文物之于人最纯真、最动人的影响（图3-66）。

2021年6月，我们望向未来，以9件馆藏文物为依托，在青年艺术家再创作的基础上打造了8个空间，邀请观众走进不同的"当代国宝场景"，探索文物与自身的联系。这就是"看，国宝——吴地文物再想象"这一特别的展览。这个展览是"国宝计划"的一部分，它利用博物馆的公共空间，将艺术家和普

图3-64 "国宝导览"设计（上）
图3-65 吴中博物馆"考古寻宝图"（下）

图3-66　青年艺术家的再创作作品

通观众的创作融入其中，形成了与基本陈列相互呼应、相互碰撞的叙事文本。展览开放期间，博物馆亦策划了一系列工作坊、对谈沙龙、街头涂鸦等教育活动，体系化落地"国宝计划"的每一个环节（图3-67）。

　　此外，吴中博物馆还通过撰写深度阐释文章、在微博直播连麦、举办线上摄影大赛等活动，持续开展"国宝计划"，不断提升文物在观众层面的知晓度，以文物为线，带动整个博物馆品牌形象的提升。

图3-67 "看，国宝——吴地文物再想象"特展

（三）创新传播形式

博物馆自身是被动接受观看和凝视的空间，所有的注意均需观众身体上的到达，实体空间的这种局限性是我们格外注重网络平台运营的重要原因。而在网络端，即便博物馆可以通过各平台的算法逻辑获得一定的自然流量，但对于希望去拓宽"传播疆域"的机构而言，这些还远远不够。因此，吴中博物馆在对基本陈列进行内容传播时，尤为重视通过博物馆外的空间与平台增加传播可能性。

网络游戏是一种有效的渠道。2021年吴中博物馆与网游《旅行青蛙》开展联动。《旅行青蛙》是一款曾风靡日本的旅行类手游，2018年中国版上线以来，也获得众多中国用户喜爱。目前，小青蛙游中国成为中国版游戏的主线思路。因此，作为

图3-68　《旅行青蛙》中的吴中博物馆元素

吴文化的重要展示窗口，吴中博物馆将银槎杯、楚途盉等基本陈列重点展品以及宝带桥、木渎古镇等吴中地区重要文化符号植入游戏之中，将博物馆主体作为小青蛙旅行至苏州的重要一站。此外，吴中博物馆还与《旅行青蛙》在5月18日国际博物馆日等重要节点开展互动联动，活动期间共有37万用户参加游戏互动（图3-68）。

数字藏品也是一种积极的尝试。作为数字出版物的一种新形态，数字藏品以类型多样、价格亲民等优势受到众多消费者青睐。2021年多家文博机构与腾讯、蚂蚁等平台合作开发数字藏品。数字藏品本身是一种数字符号，它所携带的文物信息可以通过等价交换的方式进行传播，这个过程对于博物馆来说具有正向的价值。吴中博物馆的众多馆藏是吴文化和江南文化的重要物质载体，

图3-69　"又见江南"数字盲盒

2022 年，吴中博物馆联合无介元宇宙，创新开发"又见江南"数字盲盒，8 件馆藏文物经由青年艺术家的再创作，组合成一套反映江南文化的盲盒类数字藏品，一经问世即受到众多消费者欢迎，多家媒体关注到江南主题文物数字盲盒并进行报道（图 3-69）。

在场是博物馆传播和"人设"建构的重要方式。因此，除借助互联网平台开展新形式的传播，吴中博物馆也积极拓展线下实体空间。让博物馆"走出去"并不是鲜见的话题和方式，但如何走出去，走到哪里去，却仍然值得我们去探索。

风物和饮食，是连接本地文化、历史、情感的纽带。千百年来，人们用五感收集信息，感知外部环境，最终形成对特定区域的文化记忆。而吃什么，以及如何吃，更是人类智慧应用和劳动热情的集中体现。吴地地处长江南岸，受太湖滋养，四季丰盈，不仅拥有"水八仙""太湖莼鲈""洞庭碧螺春"这样的特色物产，更形成了苏州人"不时不食"的饮食文化。吴中博物馆基本陈列既有反映古人饮食生活的珍贵文物，更有"吴风"展厅对吴地自然山水、草木果蔬、鱼虾虫鸟、工巧匠艺等吴地风貌记忆的集中展示。当我们走出博物馆营造的文化场域，踏入日常生活中，或许，菜市场与生鲜超市，便是本地风物在当下最生动与亲切的体现。

2021 年底，我们与苏州盒马及支付宝联动，通过一场"鲜生博物展"，将博物馆与生鲜店、古物遗珍与现代生活、文化信息与风物特产联结起来，既切实观照当下人的生活，传播吴地文化，也希望带给博物馆观众和苏州市民一种全新的文化体验。这是吴中博物馆与新零售行业的首次联动，也是文博界与生鲜界的跨界趣展。博物馆通过制作吴地风物标签、阐释生鲜产品文化信息、展示饮食文化相关文物、联合开发文创食品、运用 AR 等技术打通线上线下等方式，将博物馆"搬进"了生鲜店。这一联动受到众多同行和媒体关注（图3-70 至图3-72）。

通过传播渠道的铺设、传播内容的深入挖掘以及传播形式的创新应用，我们在对基本陈列进行宣传的过程中，不断摸索和实践，以及时、有效、新颖的传播逐步构建了吴中博物馆年轻、活力、专业、创新的博物馆"人设"。当然，这样的"人设"只是起点，面临不同的媒介环境、受众变动，对于一座文化机构而言，它的"人设"需要一直"在路上"。

图3-70 "鲜生博物展"桌面展示牌

图3-71　"家猪的饲养与猪肉制品起源"手绘

图3-72　文物、文化信息与超市场景的结合

風雅江南

Elegance of
Jiangnan

一、专家的关注

区（县）博物馆基本陈列的新探索

——吴中博物馆"考古探吴中""风雅颂吴中"评述

（作者：陈浩　浙江省博物馆原馆长、首席专家）

近年来，我们对地方博物馆有较多的关注，尤其是对其基本陈列，多有思考。进入 21 世纪后，中国博物馆以前所未有的速度发展，不仅数量骤增，而且种类更加丰富。即便如此，地方博物馆依然是中国博物馆体系中的主流，而其中的区（县）博物馆更是一个数量庞大的博物馆群体。值得注意的是，区（县）博物馆出于各种原因，大多处在低水平或较低水平的发展阶段，具有全国影响力的区（县）博物馆极为少见，吴中博物馆（吴文化博物馆）则是其中的重要代表（图 4-1）。吴中博物馆于 2020 年 6 月建成开放后，受到业内的广泛关注，社会美誉度也不断攀升。虽然引发这一现象的原因有很多，但是我认为吴中博物馆基本陈列的创新呈现是主要原因。

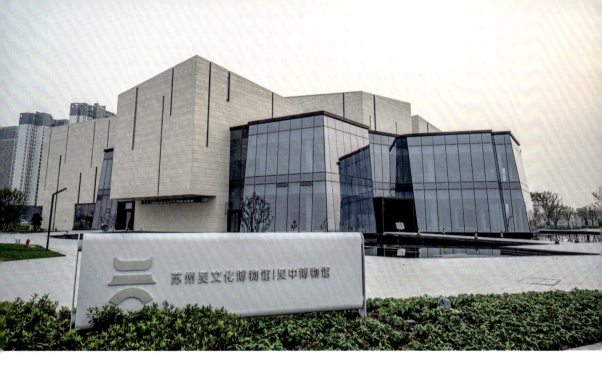

图4-1　吴中博物馆外观

　　地方博物馆如何架构基本陈列？这是一个带有使命性质的问题。在经历较长时间的"通史模式"之后，目前的省博物馆，除通过若干专题陈列构建基本陈列的体系外，文明史陈列、历史文化陈列成为主要样式。市博物馆中以城市发展史为主要叙事的基本陈列还不多见，更多的是区域性的历史文化陈列。区（县）博物馆的情况更为复杂，似乎历史文化甚至历史文物成为基本陈列的主体。虽然如此，我们还是可以欣喜地感受到，有着近120年历史的中国博物馆从未停止探索的脚步。改革开放以来，特别是近20年，面对经济社会的快速发展，以及社会公众对美好生活的向往，博物馆人更是积极探索、勇于创新，特别是地方博物馆的基本陈列，涌现出一批经典案例，而区（县）博物馆中的吴中博物馆基本陈列可视为其中的代表之一。

　　建构区（县）博物馆的陈列体系，特别是做好基本陈列，应该明确其定位，确定其属性。我们知道，随着城市化的加速，大批县（市）划入城市，成为辖区，如吴中即原苏州下属之吴县。历史上，县政府所在地通称为"城关镇"。清代以前，县城是县治所在地，没有乡镇建制，县郊则划分为乡，由乡老士绅自治。民国开始，大量县城逐渐建立乡镇建制，一般都被当地人称为"城关镇"。新中国成立后，通常也依照习惯，在各地设立众多的城关镇，这一现象直至20世纪90年代才开始改变。据此，我们可以认为区（县）博物馆不仅与乡镇，而且与乡村有很大的关联度，具有乡土博物馆的属性。

"乡土"这一概念在社会学界并没有定论；"乡土博物馆"作为一种类型在博物馆学界也没有达成共识。我们认为，乡土博物馆主要是指保存农耕文化、承载乡土记忆的重要载体，承担着乡土知识的教育、乡土历史的叙述、乡土风情的传播等职责，并在此基础上为在这片乡土上生活或曾经生活过的人们构筑起共同的情感记忆，进而由情感认同达到令人热爱乡土的目的。区（县）博物馆应该是最为典型的乡土博物馆。

乡土博物馆陈列体系无论怎样架构，通常需要有以下三方面的内容：一是自然，包括地理环境、自然生态、物产资源等；二是历史，包括历史沿革、市镇特色、乡村印记、宗族源流、乡绅名士等；三是民俗，包括生产习俗、生活习俗、岁时节庆、人生礼仪、宗教信俗、乡音乡韵、游艺文学等。区（县）情况各不相同，如何因地制宜做好陈列、彰显个性，确实考验博物馆人的智慧。

据悉，吴中博物馆筹建新馆、规划陈列时，曾有做一个通史式历史文化陈列的考虑。历史上的吴县，区域面积远大于苏州，文化积淀深厚，并且馆藏文物丰富，完全有条件做这样的基本陈列。后来，因故另辟蹊径，策划了"考古探吴中""风雅颂吴中"基本陈列。我们认为，吴中博物馆基本陈列不仅具有浓厚的地方色彩，而且在陈列架构和形式表现方面都有探索和创新，这主要体现在以下三个方面。

一是在内容设计方面，吴中博物馆基本陈列的架构与其他区（县）博物馆完全不同，是陈列叙事的一种全新探索。考察该馆的基本陈列，不仅需要立足吴中博物馆和吴文化博物馆两位一体的组织结构，而且要明确两者之间的重合

图4-2 吴中博物馆"考古探吴中"展厅

度以及在性质、使命等方面的差异性。如果说吴中博物馆是一家乡土博物馆的话，那么吴文化博物馆则是一家区域性文化博物馆，而策划兼顾两家不同属性博物馆的基本陈列并非易事。

值得庆幸的是，吴中博物馆馆藏文物7000余件，特别是对太湖流域史前各文化序列考古发掘出土的文物均有收藏，并且内涵丰富；同时，当地先秦考古的重要发现也多有积累，为"考古探吴中"提供了很好的展品基础。"考古探吴中"由三个部分组成，分别是："吴地生民"，包括"林泽生息""饭稻羹鱼""先吴溯源"；"吴国春秋"，包括"周室为长""玉敛丘封""营构大城""埋玉于山"；"大邦之争"，包括"土墩石室""吴楚之战""吴地楚风"。"考古探吴中"以时间为线索，以原吴县历年考古发现为主要陈列内容，通过实物展示、场景模拟等多种陈列方式，结合考古学、历史学等多学科的研究方法，全方位、多角度地探究上起旧石器时代、下迄春秋的历史（图4-2）。

　　"考古探吴中"既是对吴中史前和先秦时期的历史叙事，又是对吴文化来龙的科学阐释；而"风雅颂吴中"则是对吴文化去脉的形象表达，展示千百年来这片土地上人们的生活面貌和文化创造。"风雅颂吴中"由"吴风""吴雅""吴颂"三个部分组成。"吴风"包括"山水华滋""吴地风物""营造构建""江南精工"。"吴风"采取手绘画卷、中岛展示台、立体模型等陈列方式，以太湖为重点展示吴地地理特征与风光；以四时物产为主线展示吴地物候及风物；关注吴地古村、古镇、古建筑，展示典型的村镇格局和特色的建筑构件；通过传承至今的匠人作品，体现吴地工艺的今日之风、今日之美、今日之用。"吴雅"包括"镜鉴泉货""汲古长物""巨匠巧作"。"吴雅"以馆藏铜器、陶瓷、玉器杂项等文物，挖掘吴地自先秦至明清以来的文化因素，以雅物见证吴地历史，展示吴地生产生活方式。"吴颂"包括"吴语侬侬""吴地先贤""雅颂传承"。"吴颂"以融媒体图书馆、展中展、演出空间相融合的形式，讲述吴中故事，描述江南意象，传习先贤文章，颂扬吴地山水人物所构建的文化大观。据此分析，我们可以发现"风雅颂吴中"虽有诸如"吴语侬侬"这类反映吴文化区域特征的展示内容，但主要还是以吴中为案例来体现吴文化的传承和发展。

　　二是基本陈列的展厅布局，特别是"吴颂"展厅之中"展中展"格局的设计，为博物馆陈列提供了一种新的范式。或许是受博物馆建筑空间的影响，"考古探吴中"与"风雅颂吴中"里的"吴雅"被规划在同一序列性展厅之中，前后相贯。虽然"考古探吴中"与"风雅颂吴中"各为体系，"吴雅"更是"风雅颂吴中"的一部分，然而以"吴雅"续接"考古探吴中"，客观上形成了展示内容时代的连续性。

　　更为独到的是"吴颂"展厅"展中展"这一布局（图4-3），为吴文化的拓展传播创造了空间条件。吴中博物馆应为区域博物馆，具有全面、系统传播吴文化的使命。我们认为，区域博物馆不等同于行政区划之内的地方博物馆，而是指以特定区域为对象，进行收藏、研究、展示和传播的地方博物馆。这种特

图4-3　吴中博物馆"吴颂"展厅"展中展"

定区域在自然生态和人文历史方面一般都具有相同的特征。近20年来，博物馆类型呈现多样化发展的趋势。值得注意的是，地方博物馆中的少数区（县）博物馆为了实现个性化发展的需求，办馆视野开始跳出行政区域的范围，在更加广阔的文化区域内寻找自身的舞台，并且通常是采用加挂博物馆牌子的方式，来彰显新的身份。同时，这些博物馆往往都会推出符合博物馆性质的基本陈列或专题陈列。这一情形在江南地区较为明显，已非个别现象。这一现象的出现，不仅缘于江南地区深厚的文化底蕴，而且与江南区域之内博物馆的发达有着密切的联系。这样的博物馆已具备区域博物馆的属性，吴中博物馆（吴文化博物馆）则是其中之一。我们知道，出于各种原因，一家博物馆不可能做到应展尽展，但同时又希望能够给观众呈现更多的内容。吴中现为苏州市辖区，历史上称为吴县，行政区域较大，曾围苏州而治，既是吴文化的重要发祥地，又是吴文化的核心区域。然而，吴文化的区域范围更广，文化内涵也极为丰富。学术界一般认为，广义的吴文化即吴地文化，其区域以太湖流域为中心，包括今苏南、上海和浙北地区，至于影响范围，则更为广阔。同时，在历史发展的进程中，随着吴文化与越文化相融合，形成了吴越文化；特别是在北人衣冠南渡和游牧民族南向牧马的过程中，逐渐转型为影响至今的江南文化。而所有这一切，很难在基本陈列中有一个全面、系统的展示。"吴颂"展厅侧重展示吴文化的传承与发展，在其中设置"展中展"，无疑为更好地讲述吴地故事提供了可能，而我们的建议是"展中展"应围绕吴地的物质文明和精神文明，策划系列性展览，定期推出，以弥补基本陈列的不足。

三是为了达到有效传播的目的，采用不同的陈列形式，并通过艺术手法和技术手段，构筑多样风格的叙事空间，令人印象深刻。展厅是博物馆陈列展品与展项、讲述故事的物理空间，属功能性空间，也可称之为阐释性空间。为了达到有效传播的目的，策展人特别是形式设计师通常会努力营造出观众的体验空间，甚至是心理空间。这是一个空间再造的过程，通过曲折的流线、空间的转换、视线的交流、界面的变化，将展品、展项置于特定的空间，并采用多种艺术手法和技术手段，使展品、展项与空间融为一体。根据基本陈列内容的差异，吴中博物馆各展厅呈现出不同的风格，如"吴风"之"山水华滋""吴地风物"展厅，以巨幅手绘彩色画卷和多个中岛展示台构筑了生动活泼的视觉场域，丰富的展品、逼真的模型，以及植入的多媒体有机地融入其中，很好地诠释了吴中的自然风貌和物产资源，受到广大观众特别是青少年观众的欢迎（图4-4）。

吴中博物馆展厅空间是一个六面体，形式设计师在进行平面布局和空间规划时，关注点主要是在中心区域及其四周，而对于地面和顶部多有忽略。在"考古探吴中"之"大邦之争"里，在"吴楚之战"部分营造了一个局部空间。在这个U字形空间里，正立面是春秋形势沙盘及水陆攻战投影，两侧平柜分别陈列青铜剑、青铜矛，下方则塑造了大战之后的一种惨烈景象，而细心的观众会

图4-4　吴中博物馆"吴风"展厅

发现顶部的"箭雨",遮天蔽日。我们置身其中,仿佛穿越到了那个血雨腥风的时代,刀光剑影,杀声震天,极为震撼。

　　大多数观众对于展厅这一大空间的感受并不敏感,他们的视线一般都聚焦在展柜这一小空间中的展品之上。我们发现许多博物馆陈列展柜中展品的展示仅仅是一种呈现,对于展柜这一小空间的营造关注度不够。其实,展柜作为博物馆信息传播的最小空间,同时也是观众视线的聚焦点,应该引起策展人和形式设计师的充分关注,并妥善处理。当然,我们也发现有些博物馆不仅开始关注这一空间与展品的关系,而且已有了很好的实践,如"风雅颂吴中"之"吴雅"有唐镜精品双鸾瑞兽纹铜镜展示。对一件小小的铜镜,却给予了一个巨大的陈列空间。展柜内设置了一个概念性场景,以顾恺之《女史箴图》(唐摹本)中的第四段"修容饰性"图像为底本，用磨砂亚克力片材制作了两位梳妆女性的形象，这件铜镜则成为场景中的"道具"。由于是场景化的呈现，加上有双面看口的展柜，观众不仅可以看到铜镜的正、背面，同时也可以了解铜镜的具体使用方法。这是我们目前所见铜镜最好的展示方式，是陈列中的一个亮点。

曾经多次去吴中博物馆参观学习，每次都有收获。写下这些文字，虽曰展评，实为观感。

二、业界的评价

全身心，去体验
——吴中博物馆基本陈列

（作者：商晨雯　北京大学赛克勒考古与艺术博物馆馆员）

波光浩渺的太湖之滨，世界遗产大运河畔，一座新兴的区县级博物馆，在开馆以来的一年间，迅速成为风靡长三角地区的文旅热点。同时，该馆基本陈列受到了文博领域的专业认可，一举荣获 2020 年度全国博物馆十大陈列展览精品奖项。不论是大众口碑还是业内评价，这样的成绩对于一座新成立的中小型博物馆都可谓惊艳。吴中博物馆，正以"风、雅、颂"的笔调，书写着江南千古风雅的当代佳话。

图4-5 "吴雅"展厅中对吴地铜镜使用场景的阐释

吴中博物馆基本陈列梳理吴文化发展脉络，围绕"考古探吴中"的题眼，呈现遗址信息及考古学家对多元文化因素的分析，"风雅颂吴中"展厅则根据当地历史调整思路，转向关注吴文化中更为灵动的文化构成，分为"吴风""吴雅""吴颂"三部分。"吴雅"展厅承接"考古探吴中"，展示馆藏陶瓷、铜器、玉器、杂项等吴地特色文物，挖掘吴地自先秦至明清的文化因素，以雅物见证吴地历史，阐释吴地生业经济及生活方式（图4-5）。"吴风"展厅展现吴地区域自然地理、风物特产、传统建筑等。"吴颂"展厅别出心裁地打造了一个小而精巧的多功能空间，以融媒体图书馆为载体，设置"展中展"及演出空间，为吴语、吴音、吴乐等非物质文化遗产提供展示场景。

在呈现"吴音"的板块，笔者真切感受到语言作为文化的载体所具备的强大感染力：当观众触碰地图上不同位置的按钮，相应区域的居民出现在屏幕上，满脸自

图4-6　陌生又熟悉的"水八仙"打造展厅的奇异氛围（上）
图4-7　使用自然教育的五感体验游戏识别树木（下）

豪地用本地话介绍当地美食美景，欢迎观众到家乡玩耍。借助如此精心设计的多媒体内容，展览将观众的兴趣点牵引至日常，形成"馆内—馆外"的双向延伸。作为外乡人，我们或许只能通过学术文字的提示仔细辨别出吴文化区域内韵母、声调的细微差异，但却可以直白地感受到这片土地的无穷魅力，激发探索欲望。

　　翻阅社交媒体平台上观众的评价，常看到"寓教于乐""有趣""互动性强"的描述。如此高人气很大程度上得益于展览的参与式及多感官设计。这个特点在"吴风"厅体现得尤为突出。在新建博物馆的浪潮中，VR 场景、多媒体早已成为标配，但论其功能，往往只是发挥点缀效果。展览通常利用特别的光环境、展台及辅助展具，有意将展品与观众间隔开。此外，由于时间、地域及文化背景殊异，观众在参观时，常以他者的目光冷静审视展品。而吴中博物馆则通过各式技术手段鼓励观众进入情境，发挥主观能动性，实现一种自觉、自主的交互，获得完全的具身体验和内心体验。展览对于交互技术的立体式应用尽显魄力，不亚于搭建了一座苏州园林，可观、可望、可居、可游，虽为人造，却蕴含丘壑意味。观众可坐卧在懒人沙发里体会 270° 沉浸式影院的吴中美景。而"吴风"展厅 40 米长的展墙还有个很酷的名字——"霍格沃兹墙"，在这里，的确仿佛进入魔法世界：人变小了，观众可透过袖珍洞口窥见微缩匠人采矿做工；身边日常景观变大了，江南人民热爱的"水八仙"亦成造景，以当地的水产植物建构出湖泽般的奇妙异想空间；触摸感知木材的致密质地，嗅闻木香，探索日常所见树木的更多维度信息。花枝摇曳、鱼翔浅底，小朋友们和拥有童心的大朋友们在这里流连忘返（图 4-6、图 4-7）。

　　社会常规通用的标尺在展厅内"失效"，不仅体现在场景的营造，也延伸至观看展品的视角改变：观众可以在此重新发现以往被忽视的种种细节，也可利用在展厅内所生成的力量——或者说被赋予的权利，更加自由地探索馆内展品，积极参与知识的建构。文物并非只是陌生遥远的历史文化遗存，换一种思路，它们无非是当地人曾在日常或仪式中所用之物，或许可与观众产生更多关联。在这个沉浸式的场域中，感官充分调动，时间界限模糊，一切形式与内容所设计的"机关"都服务于深入、具体感知吴文化，增进文化认同的目的。就像各类让游客难以自拔的主题公园，如迪士尼所打造的童话世界或环球影城的剧情设定，它们同样希望游客代入角色，与影视 IP 产生共情，缔结更深的情感联系。

展览的强交互性是吴中博物馆关注社群参与的表象之一。作为一所扎根于吴中区域的博物馆，吴中博物馆首先服务的是当地社区民众，又由于吴文化的重要意义，向外辐射受众圈层，在国内甚至国际都有一定的影响力度。在吴中博物馆网站主页中，我们可以看到这座博物馆的宗旨与理念："博物馆以'高水平''有特色'为目标，通过专业而丰富的展览、教育、宣传，阐释吴地万年文化，打造文化综合体。"既然意图打造"文化综合体"，那么提供给观众的文化产品就不能只局限于展览、讲座等常规形式。博物馆面向不同年龄、具有不同兴趣的观众群体，提供差异化服务，推出读书沙龙、音乐及绘画跨界活动、定格动画工作坊、演绎创作、博物馆之夜等活动，打造参与者自我探索、社交体验的平台。

以上由理念至展览、活动而产生的光环效应非常明显，以至于虽然笔者参观博物馆时也发现了若干小缺陷，但当回顾观展体验时，仍认为瑕不掩瑜。吴中博物馆曾在官方平台发布观众留言指南，详细提供多种反馈渠道，希望观众提出改进建议和意见。这样开放的态度和服务的意识，在很多中小型博物馆尚未充分体现。

或许，吴中博物馆可以在博物馆快速兴建的当下，为各地中小型博物馆提供运营与发展层面的借鉴，展现区域别具特色的文化基因：更丰富机构理念和宗旨，更深入挖掘本地文化符号和生民故事，更多元尝试展览叙事角度，更主动融入社群生活日常，更强化公共服务意识……中小型博物馆诚然囿于经费、人员等客观因素，但吴中博物馆从建设落成到蓬勃发展的经验也真实证明：属地级别不是衡量一座博物馆的标准，即使是区县级别的博物馆，同样能够达到一流的水平。

三、媒体的观点

一座博物馆的"镇馆之宝"

（作者：虞恬静　《苏州日报》编辑）

澹台湖畔、宝带桥旁，一座灰白交错、明朗简练的建筑端然稳坐，与周围的湖光水色和谐相融，仿佛它已经存在了很久。但算算年纪，2020年6月底开馆的吴中博物馆，着实是苏州博物馆界的"小孩"。

老话说，有志不在年高。打出生起，吴中博物馆就立下flag，要打造"全国中小型博物馆的案例"。这话当然不能随便说，但毕竟人家有底气：过去"吴县"、现在"吴中"地域范围内主要的考古发现的成果，原先都保存在吴中文管会的库房里，现在有了这座博物馆，这些文物都将得到更好的保护和展示条件。博物馆一楼主要用于临展、教育和公共服务；二楼主要设置基本陈列"考古探吴中"与"风雅颂吴中"，以专题展览形式，对学术意义上的"吴文化"及"吴地文化"进行相对全面的解读。

几乎所有去博物馆的人都会问：你们的镇馆之宝是什么？言下之意就是看了这件宝贝，才能证明自己来过这里。当我习惯性地把这个问题抛给吴中博物馆的时候，得到的回答却有些"凡尔赛"："其实我们没有特别地去强调哪一件文物是'镇馆之宝'，因为我们的好东西真的不止一件。"

"不止一件"的馆藏"精华文物"，主要就集中在"风雅颂吴中"的"吴雅"展厅，包括精品铜器、陶瓷器、玉器、杂项等。通过这些，感受吴中地区文物中所蕴藏的雅正之意，以雅物见证吴地的灿烂历史。元代朱碧山造银槎杯就是其中的佼佼者。从古到今，苏州能工巧匠辈出，有句话叫"良玉虽集京师，工巧则推苏郡"，吴地匠人们为中国古代工艺的辉煌添上了浓墨重彩的一笔。元代朱碧山造银槎杯，为元代木渎著名银工朱碧山所造，它既是实用酒具，更是一件精美绝伦的艺术品，以仙人乘槎、卧游银河的神话故事为题材，将银酒杯巧制成树槎形的小船，体现了吴地银作技艺与工匠水平的巅峰。这"一叶扁舟"里，承载着吴中大地千年不变的对美的追求（图4-8）。

逛博物馆和读书其实是一样的，都是与人类最伟大的灵魂对话，只是形式不一样罢了。我们听过"悬梁刺股""寒窗苦读"，但没听说过谁在博物馆里受苦的；我们也听说过功利性读书的说法，比如为了考试，为了晋升，但没听说过谁逛博物馆是为了加薪的。所以可以任性地讲，博物馆用更轻松的方式让大众接受知识，逛博物馆的动机更纯粹。

但即便是如此纯粹的动机，到了21世纪也渐渐变得不纯粹了。博物馆越来越成为旅游目的地的首选，去伦敦总想着要去一下大英博物馆吧，跑纽约再不济也要在大都会博物馆门口拍张照。网红打卡渐渐让逛博物馆这件事情开始变得功利。

并不是说打卡不好，比起晒机票，晒门票显然高级多了，至少人们有更多的动力走进博物馆，即使是走马观花，毋庸置疑是吸收到养分的，或多或少而已。但玩归玩，我们要记住那些造博物馆的人最初的动机，是给好奇心和灵感一间房。

我们知道希腊神话中主司艺术和科学的9位缪斯女神被艺术家们视为灵感之源，但其实缪斯也是"博物馆"这个词的起源，muse，museum，请品一品。公元前323年，亚历山大大帝英年早逝，留下了当时世界上领土面积最为广阔的国家，他的部下托勒密一世在亚历山大里亚城建造了当时最大的学术和艺术中心——亚历山大博学园，其中有图书馆、动植物园、研究院，以及一座专门收藏文化珍品的缪斯神庙。这座缪斯神庙后来被称为亚历山大博物馆，也是世

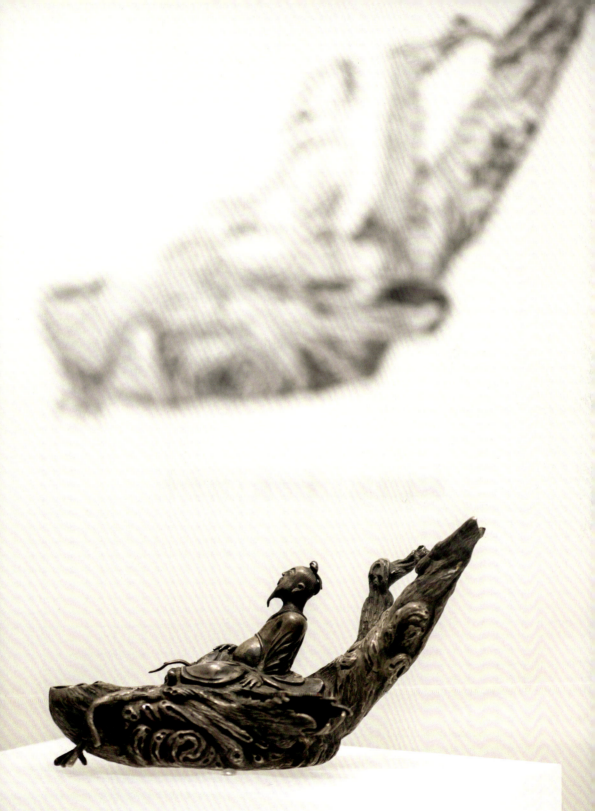

图4-8　元代朱碧山造银槎杯

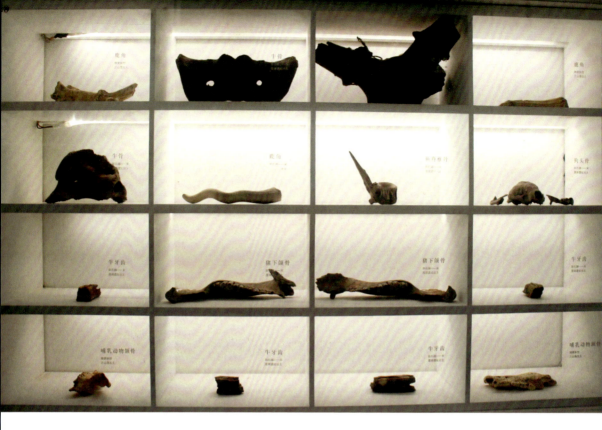

图4-9　吴中博物馆动物化石展示

界上第一座博物馆，被认为是"缪斯诸神寓身的场所"。所以存放"灵感"就是博物馆建造的初衷之一。

14世纪以后，欧洲结束了中世纪的阴暗，人们开始对自然科学重拾兴趣，他们开始研究古希腊、古罗马的文献，不是单单出于对宗教、哲学、文学的热衷，而是想从艺术作品里剖析数学、物理学、天文学甚至解剖学等自然科学。

于是大量的手稿、模型、动植物标本、人体骨骼需要一个地方来集中存放和展示。一种名为"奇珍室"的空间诞生了，也被翻译成为"好奇心的房间"。从最早的一个橱柜开始，到单独建造房屋来放置，这种陈列方式延续到了现在，成为大多数博物馆仍在使用的陈列方式。所以博物馆也是聚集好奇心的地方（图4-9）。

图4-10　涂鸦艺术家陈暘作品《星槎漫游》

　　博物馆是对历史和知识的系统整理和直观呈现，这里盛放着的是文化的血脉传承，这些装满人类伟大灵魂的大房子除了让人们再次认识到自己的渺小，更能激励我们探索好奇，寻觅灵感。吴中博物馆在 2021 年 6 月底，也就是开馆一周年的时候推出了"看，国宝——吴地文物再想象"特展，以 9 件重点馆藏文物为依托，联合青年策展人、艺术家对吴地文物进行再想象与再创作。他们用具有冲撞性色彩的涂鸦重塑了卧游银河的银槎老人，在超然物外的传统精神与特立独行的个体叙事中寻找到新的话语空间，而作为主体的"乘槎仙人"，亦在丰富的想象中完成了角色的蜕变（图 4-10）。

　　如果说，元代朱碧山造银槎杯是我们看得见的"镇馆之宝"，那么让它在历史的长河中始终保有与时俱进的生命力，成为可看、可听、可读、可写的文化记忆载体，这份对国宝的好奇心与创造力，才是一座博物馆无形的财富，真正的"镇馆之宝"。

四、观众的声音

"吴风"化雨：当博物馆进入日常

（作者：周缘 吴中博物馆观众）

　　站在"吴风"展厅的门口，最先看到的是一个凌空云游的投影，一位道冠云履、长须宽袍的仙人，驾着不系之舟飞向远方——这个形象来自元代朱碧山造银槎杯，它的实物就放在"吴雅"展厅的结尾处。这件银槎杯，与吴中博物馆的气质最合，底蕴是丰厚的，形态却是轻盈的。从"吴雅"到"吴风"，从"实"的文物到"虚"的影像，是呼应也是升华。

图4-11　吴风展厅互动装置

（一）烟火气

与大部分博物馆的展览不同，"吴风"展厅不是用文物串联历史，而是要捕捉虚无缥缈的"吴风"（图4-11）。何为吴风？展览的序言这样写道："风者，由自然而入民情……不仅仅是遗产和名录，更是生民相互认同的生活方式和态度。""风"，是风物、风土、风俗，它看不见、摸不着，却以春风化雨的力量，包裹起一座城市的"气场"。

苏州的"风"，是"君到姑苏见，人家尽枕河"，是"山泽多藏育，土风清且嘉"。可我们仍要追问，到底是什么呢？在展厅里，我们能找到具体的细节，将这种"氛围感"落到实处。它是一把香椿头，应季而食，盛在苏州人的春盘里；是一片碧螺春，花香果味，浮在苏州人的茶杯里；是一座砖雕门楼，匠心独运，建立山

图4-12 "吴风"展厅吴地民俗展示

水人居的范式；是一张平头画案，避繁就简，勾勒自在适意的气韵。"吴风"展厅分为"山水华滋""吴地风物""营造构建""江南精工"四部分，地理、农业、食物、民俗、技艺等不同维度，都是贴近人、贴近生活的，组合到一起，则交织成一个立体的知识网络。

"吴地花木"板块里，随着正确答案的输入，"冰雪林中著此身"的梅花、"金英玉糁散天香"的桂花、"秋风叶改万枝红"的枫叶，在墙上次第开出，平淡的日子里也有了令人牵念的仪式感。"吴地风俗"板块里，随着移动的屏幕，电子屏的影像与院中的花木模型交叠在一起，从元宵灯会到荷花生日，从中秋串月到吴地年景，一年的节庆热热闹闹，连缀起一场风俗之旅，苏州百姓对生活的热爱尽在其中（图4-12）。

在墙面上，我们能看到汽车和马车相向而行，架起三脚架的摄影师好像在拍宽袍大袖的古时吴人，似乎暗示着这座博物馆架起了一座古今对话的桥梁。通过《吴郡志》《苏州府志》等地方志，以及《清嘉录》《吴郡岁华纪丽》等风俗书，我们能够了解到古时吴地百姓的生活状态，但"吴风"始终是流动的，它以万年前三山岛的文明源头为起点，受温软山水与丰盛物产滋养，被悠久历史与繁盛文化塑造，如此琐碎又如此真实，最终进入我们当下的日常起居。饮食之精致，岁时之讲究，是文士闲情，更是人间烟火，从"吴风"切入，我们以最简单、最温暖的方式，拥抱生动的苏式生活。

（二）参与感

几杆修竹，几块叠石，展厅起点处的布置就将观众引入了山水环境中。曲面的"霍格沃兹墙"创造出一个魔法世界，起点处是一片矿山，透过墙上的小孔，能够窥见开山采矿的缩小版人物模型；接着是一片澄蓝的湖水，浪花包裹的电子屏上，以标本、影像等方式呈现的鲢鱼、鳙鱼、青鱼、草鱼在冒着泡泡的水中摇头摆尾；在稻田的区域，这面墙的魔力更加凸显，手掌靠近白色光点，人们开始播种、翻土，绿色的秧苗冒头而出，收割机在金黄的稻田中工作，直至"太湖稻米节"的横幅高高挂起，呈现一片丰收景象（图4-13、图4-14）。

如果说墙面上徐徐展开的40米手绘"长卷"是一片湖水，那么圆形展台就像几座散落在湖面上的小岛，观众无须遵循线性路径，而是可以在错落布局的空间中"随波逐流"，东瞧瞧、西看看。躺在3D影音室的懒人沙发上，听着声声评弹，看着270°的屏幕上，香雪海梅花开了、洞庭霜橘红了，似是泛舟湖上仰观满天星辰，真正达到了"卧游"之境。

在今天的博物馆中，多媒体互动装置已不新鲜，但大多是作为辅助、锦上添花，像这样"铺满"整个展厅，仍会让人眼前一亮。水八仙的展区运用丰富的展陈方式，对苏州人引以为傲的八种水生植物做了全方位、立体化的介绍。墙面上是种植环境的立体剖面图，玻璃柜中是果实的标本，分隔成12个月份的轮盘标明了它们的上市时间，视频介绍了每一件植物的采摘时令和食用方法，从"依水而居，泛舟而行，

图4-13 "吴风"展厅太湖矿产展项艺术品（上）
图4-14 "吴风"展厅太湖鱼类展示（下）

食水中八仙"的习惯到水文化的内涵，将城市精神讲得清楚明白。而在旁边巨大的立体装置中，水红菱、鸡头米从湖底生长出来。抬头是接天莲叶，低头是婆娑光影，时不时有孩子推开旋转门似的展板钻出来，穿梭其间，宛在水中央。

那一刻，我觉得自己被打动了，这座博物馆绝非白发苍苍的严肃学者形象，而像一位元气满满的活力少年，他博学却不高冷，灵动不失庄重，引导着我走入这片宝藏地，向我娓娓讲述每一条鱼、每一棵草、每一个人的前世今生。我便跟上他的脚步，攀高爬低、自由奔跑，调动所有的感官来探索这座熟悉又陌生的城市。

更难得的是，当开馆两年后再回看，我们会明白，这份与观众平等交流的初心，绝非一时兴起或是刻意为之，而已经沁入肌理。从电影放映到烛光音乐会，从咖啡饮品命名的小心机，到与游戏合作的隐藏彩蛋，它以许许多多新的、年轻的方式，开拓博物馆与公众对话的无限可能。

（三）在地性

吴中博物馆所在的吴中地区，是一片文化的富矿。它有碧波万顷的太湖、竞秀千岩的群山，有密布的古树、古桥、古镇、古村落，更有门类齐全的非遗技艺，这构成"吴风"展厅的基础。馆长陈曾路曾说："通过展览呈现一地之风，是吴博之所以存在的一个重要初心。"

相较于大馆，吴中博物馆或许会在疫情之下面临更多挑战，却也能够采取更加灵活的应对策略。排除万难向外探求的同时，它始终不忘将目光回转到自己所在的区域，策划植根于本地的展览与活动，建立起与城市居民的情感连接。"吴风"展厅中木渎古镇、陆巷古村的沙盘模型，大约已是一年后"世间乐土——吴县文物数字展"的雏形。那同样是一个没有文物的展览，以数字化手段呈现吴中的建筑风貌，"自得：我的厅堂""自适：我的宅院""自如：我的社区""自在：我的吴县"

图4-15 吴中博物馆"世间乐土——吴县文物数字展"展厅

四个部分，将"人"置于展览的中心位置，使观众能够沉浸式地体验江南的生活空间（图4-15）。

在这片肥沃的土壤里孕育出的博物馆，是城市空间里的有机组成部分，它与土地相因相生，与土地上的人同呼吸、共命运，是文化地标，更是精神坐标。因此，它要讲好这片土地的故事，服务这个片区的居民，帮助他们更加了解、更加热爱所生活的地方。在"吴风"展厅里，懵懂的孩子获得了一次"启蒙"，这个面积不大、内容多样的空间，竟能汇聚八方珍奇、定格四时风雅、浓缩万年历史，勾起他们探索世界的期待。年长的观众获得了一次"共鸣"，散落在田间地头、寻常巷陌的往昔时光不曾失落，而是被小心收藏在博物馆中，于是记忆被激活，乡愁被唤醒。初来的游客获得了一次"导览"，或许走出博物馆，他们就会按照展览里画的重点，去餐厅里点一道时令菜，去太湖边寻一座古建筑。无论是对新奇世界的怦然心动，还是对附近周遭的重新发现，都能让参观者对脚下的土地产生更深的认同感和归属感，成为本地文化的传承者、传播者，从而形成良性循环。

作为一座区域性的博物馆，吴中博物馆关心的不只有诗和远方，更有眼前人、身边事。它展现的是日常生活，并终将进入人们的日常生活。它凝聚着代代相传的风俗人情，映射出地区观众的集体记忆，也一定会和这座城市一起创造更多属于未来的故事。

風雅江南

Elegance of
Jiangnan

结　语

成长中的展览

一、做有特色的展览

作为开馆的第一个展览，吴中博物馆基本陈列以吴文化为关键词，紧扣住"吴地文化一万年"的主题，通过展示吴县地区考古出土的文物来梳理吴文化的前世今生。作为吴中博物馆的根本和基础，我们希望通过打造一个有特色、有亮点的基本陈列，让本地观众有归属感，让全国观众有认同感，让全球观众有体验感，从展览大纲到顶层设计，我们只有一个初衷和坚持：讲好吴文化的故事。

吴中博物馆基本陈列分为两个部分，第一部分"考古探吴中"以吴地旧石器时代到春秋战国时期的考古发现为背景，展示早期吴地的发展和规划；第二部分"风雅颂吴中"以"吴风""吴雅""吴颂"三个展厅分别叙述吴地风物和吴音吴乐，每个展厅各有特色，以清晰的展览动线、丰富的文化内容和沉浸式互动展示将观众带入一个有生命、有活力的吴文化世界。

（一）清晰的动线讲述历史

作为吴中博物馆基本陈列的文物展示空间，"考古探吴中"和"吴雅"以不同的线索进行考量，从不一样的切入点引领观众走向更专业、更有对比度的博物馆空间。"考古探吴中"以时间为线索，以原吴县地区历年考古发现为主要展陈内容，从万年以前的三山岛遗址开始讲述吴文化的滥觞，以人类生存发展的眼光一路向前，经过新石器时代的进一步演变，最终来到春秋时期吴国的开端。这样全方位、多角度地探究上起旧石器时代，下迄春秋战国时期的前吴文化及吴文化的起源和勃兴，让观众完全融入其中，遍历吴地发展的每一刻。"吴雅"展厅拿捏了吴地最重要的气质——雅，与"考古探吴中"厅不同的是，"吴雅"展厅从器物类型的角度开启展览，以"镜鉴泉货""汲古长物""巨匠巧作"三种最是风雅的器物带领观众沉浸式体验吴文化的魅力。两个展厅从不同方面出发，一个是给观众带来感官上的调整，使展览有转折、不枯燥；另一个是丰富吴文化的阐释角度，吴文化历史悠久，并不是一段风云故事可以一蹴而就地讲述的，同样重要的还有文化的汇集，而"吴雅"正说明了这一点。这样清晰的动线不仅能丰富表现内容，也能让观众在集中精力看展时更舒适。

（二）文化内容丰富，对比的眼光纵观历史

吴中博物馆基本陈列内容充实，不仅仅得益于丰富的馆藏，还归功于遍布展览的拓展和延伸。对中华文明而言，吴文化只是其中的一小部分，将二者结合起来，用联系的眼光看问题，会让展览的内涵更为丰富，也和历史更为联通。

在溯源吴文化的历程时，吴中博物馆与楚文化、越文化、大运河文化等多面结合，通过多者之间的联系梳理历史，将更通顺和清晰的历史展现给观众。例如，"考古探吴中"厅中借用"吴楚之战"展示吴国强盛时期的军事扩张，借用在吴地出土的楚式青铜器楚途盉讲述一场载于史册的战争；"吴雅"展厅以吴地出土的南北瓷器作比较，体现历史上的苏州与现如今一样，都是贸易往来的集散之地；"吴颂"展厅以吴语不同片区的录音，给观众展示对比明显的语言差异，从听觉上感受吴文化的开枝散叶……

对于不曾了解吴地历史的观众而言，囊括多种文化层面，互相联系和对比展示，可以使其更快、更轻松地融入其中。博物馆要带来的，永远不会是单一的知识，多元化内容的纷现，才是最好的教育方式。

（三）趣味互动贯穿展览，知识更需要体验

在吴中博物馆基本陈列中，经常能看到许多观众饶有兴趣地驻足，他们看的不一定是文物，也可能是在"畅玩"博物馆，无论是史前动物的骨骼化石，还是还原失蜡铸造的仿古铜镜，都成了展厅中观众互动的一部分。

将芯片植入精美复制的动物骨骼中，对准台面上的感应系统，观众就能获知这件骨头的"归属者"，这对于展柜中的文物原件来说是一种现代解读，是对它的"再生"。诸如此类的数字化应用遍布基本陈列，"吴风"展厅中的"霍格沃兹墙"用投影技术再现吴地风物特产，吸引孩子们集中精力探索学习；270°的环绕屏将吴地四时风景囊括其中，使人身临其境，仿佛在绿水青山中遨游，体验感十足。

对于文物模型的复制，也是为了让观众可以体验文物的触感。我们采集三山岛遗址附近的石块，打磨成出土的刮削器形状，让观众可以摩挲类似三山岛石器的边缘棱角；对馆藏铜镜进行翻模，将模具和模型展示给观众，感受古代失蜡法的精巧技术。这些互动体验的内容都是非常简单的工序，但在基本陈列中呈现，就显得非常暖心且专业。

吴中博物馆基本陈列，是想给观众带来一场深挖吴地文化瑰宝的探索之旅，我们将馆藏内容毫无保留地展示出来，但如此真的足够了吗？显然不是。从现实层面讲，吴中博物馆的展览是完成了，但从深层的发展的角度来讲，这是一个未完成的展览，基本陈列是一个动态的展览，需要我们不断地通过其他方式加强深化。

（四）需要更多展览去延续

说到底，评价一个展览，应该以非专业的观众为主，通过为"圈外人"答疑解惑的展示手法，把历史面貌和文化价值呈现给普罗大众，这是一个博物馆的成功。吴中博物馆基本陈列正是有这般特色，整个展览采用非线性的线索设计，以"1+N"为基本结构。所以观众在看过这个展览以后，不仅可以在各层面了解博物馆，更可以从多元的角度来理解吴地文化。比如"风雅颂吴中"这个板块，我们通过"风""雅""颂"三个关键词来呈现广义的吴文化在整个历史长河中的发展，三者相辅相成，分别从苏工苏作、风土人情和吴音吴乐的角度去了解历史，了解这一方水土的风貌。

（五）查漏补缺，延续太湖之光

吴地上下一万年的历史，单凭一个展览是道不清也说不完的。根据基本陈列"考古探吴中"，可以推溯到三山岛地区的吴地生民，此地在旧石器时代已经有人类生活的痕迹，而后来到新石器时代，被称为"江南史前文化标尺"的草鞋山更是声名远播。在展览中，我们以文物的枚举和场景的还原向观众展示了最直接的吴文化的源头，通过文字阐述向观众传授知识。但江南地区文明悠久丰富，各文化间的关系也错综复杂，要厘清它们必须经过不断地深化和打磨。因此，2021 年 5 月，吴中博物馆举办"启幕江南——草鞋山遗址与环太湖地区史前文明展"，太湖是吴文化的根源，太湖流域同样存在着众多古文明，这个展览是对"考古探吴中"中新石器时代部分的再解读，也是对基本陈列未完成的补充。

（六）打破尺度，洞见关系

　　除了展出的可移动文物外，吴地分布的不可移动文物也是世界性的遗产。分布在太湖周边的古建筑既有丰富的砖雕、木雕，也有传奇的历史故事，其中涉及4个国家级历史文化名镇、17座历史村落、上百个各级文保单位，它们都属于老吴县的范围。

　　"吴县"是中国最具历史和文化价值的县域单位之一，从宏观的地理环境、景观风物、政治经济到微观的人、事、物，江南的地理、文化和心理上的中心俱在于此，也是吴文化研究的范畴和重点。置身于基本陈列的"吴风"展厅，我们可以身临其境地与历史上的吴县对话，通过互动了解吴县的高光时刻。对此地而言，"山水间"显然是核心竞争力，而间行山水的不可移动文物更是时间留给后人莫大的瑰宝。我们持续关注吴地不可移动文物的保护与发展。为此，博物馆团队运用了数字化手段实现了"世间乐土——吴县文物数字展"的诞生。

　　在这个展览中，我们在数据的采集、处理方面投入了近一年的时间，采集了包括4个国家级历史文化名镇、17座历史名村、几百处各级文保单位的三维数字资源。无论是单体的建筑还是大体量的村落全部用3D打印制作，让我们能够以类似于"粘贴""复制"的方式呈现各种尺度的实物和虚拟模型。海量的数字资源让我们有能力对不同时代和区域的建筑进行更为精准和科学的分析，得到以往凭经验很难得出的学术论断。

　　山水城市的概念不仅仅是山水风景中的建筑和人居，从明清江南的山水城市到未来的山水城市不是回退，而是升华，是技术进步和理念迭代共同作用的必然结果。在江南，风景让人愉悦，网络和技术能够让工作和生活更便捷，恰如150年前的港口能够引领城市发展的风向一般。吴县是环太湖的一个组成节点，承上启下，"吴县文物数字展"中的数字采集和利用让更精准、高水平的研究和保护成为可能，当然也是对基本陈列的一种延续和升华。

（七）从古代到当代，紧跟艺术的步伐

在基本陈列中没有涉及当代艺术，一直是我们的遗憾，并且江南地区自古文风蔚然，但针对吴地书画的展示在基本陈列中似乎略显单薄。开馆后，吴中博物馆马不停蹄，同时筹备特展"吴门吾景——明清吴中山水胜景"，以长卷、册页、挂轴等明清书画展品，结合竹林、庭院造景及现实景观视频的展陈方式，构筑出明清吴地与今日苏州胜景交融的瑰丽画面，透过明清文人画家之笔一观吴地往昔风采，延续吴门精神文化。2022 年的"山水舟行远"用独特的角度，解析山水关联的方式，一览古人如何对山水进行空间布局、巧妙经营，为塑造当代山水城市提供借鉴。

进入展厅不是文物的旅途终点，展厅之外还有更广阔的天地。2021 年，吴中博物馆以 9 件基本陈列中的文物为依托，联合 1 位青年策展人、8 位青年艺术家对吴地文物进行再想象与再创作，共同开启一段关于文物再想象的旅程："看，国宝——吴地文物再想象"特展。9 件文物衍生的 NFT（非同质化代币）文创产品为观众带来了博物馆里的时尚感，在艺术再创作的基础上，吴中博物馆还打造了 8 个迥然不同的空间，邀请观众走进不同的"当代国宝场景"，探索文物与自身的联系。同时通过"吴中博物馆国宝再造大赛"，邀请观众参与对文物的再创作与再想象，并在此次展览中专设展区，对参与者的作品进行展示。

而对当代艺术的补充和跟进，在开馆前就已有了想法。历史学家史景迁曾说："每个人都有自己的遭遇，这是每个人的生活，而出现这些遭遇的环境就是历史。"当代艺术家有超乎常人的敏锐，对于环境与历史常有更加深刻的看法与表达，他们多善于用具有前瞻性的艺术语言，创作"前承史，后续诗"的作品，表达对生命、对历史、对当下社会的思考。而对作为历史与文物宝库的博物馆来说，借助当代的观点与作品再问过去，也具有一种承前启后的人文立场。2023 年，历经 2 年的准备和打磨，"再问"系列首展——"四两千斤：梁绍基、杨诘苍双人展"成功开幕。从"再问"二字出发，吴中博物馆将会在后续开启一系列本地艺术展，聚焦中国文

化的传承与发展，叩问下述四个议题：本土历史在当代语境中的再现与释义；考古学在具体问题中的文化价值与社会价值；后现代背景下博物馆功能的探索与重释；全球化过程中，中国故事与中国身份的演绎及建构。

对于基本陈列的展览延续永无止境，这是一场持久的对话，让我们向历史回望，让我们与明天对谈。

二、一个展览的待完成

吴地文化流传至今，有太多的内容需要承载和传续，如何依靠有限的力量去尽可能多地完成这一事业，是我们应该思考的。吴中博物馆基本陈列开展至今已 3 年，未完成的内容也在慢慢被填补，但其中缺憾依旧存在，做展览本就是一件会充满遗憾的事情，我们要做的，就是尽量把遗憾最小化。一个展览的待完成，是吴中博物馆在开馆 3 年这个时间节点应该重点思考的问题。

（一）持续文物保护和利用，加强历史研究和传承

文物见证了历史，承载了吴文化的延续，是每个吴地人民的根脉。对文物的保护利用不仅是对中华优秀传统文化的承继，也是提升国家软实力，增强民族自信和自强的重要途径。习近平总书记 2023 年 5 月 16 日在考察山西运城时

强调，要深入实施中华文明探源工程，把中国文明历史研究引向深入。[1] 要认真贯彻落实党中央关于坚持保护第一、加强管理、挖掘价值、有效利用、让文物活起来的工作要求，全面提升文物保护利用和文化遗产保护传承水平。这些重要论述为我们做好新时代文物工作指明了前进方向。

吴中博物馆基本陈列展品丰富，更需要利用好、保护好它们，在文物防护上引入和创新科技手段，提高文物保护的效率和质量。2022 年，文保实验室的成立为吴中博物馆提供了技术支持，在文物保护的道路上更加稳步前行。

（二）坚定"四个自信"，打造更多普适性强的优质展览

进入新时代，习近平总书记提出"坚定文化自信"并将其纳入中国特色社会主义"四个自信"，提出"把马克思主义基本原理同中国具体实际相结合、同中华优秀传统文化相结合"的正确理论。

许多人对吴中博物馆基本陈列的评价是"精"，而"精"是一种态度，也是一种文化自信。展示在基本陈列中的只是吴地文化精巧的一部分，更多的内容是需要不停探索才能发掘的。其实自开馆以来，吴中博物馆一直在优质展览和活动中探索，寻找更有创造性和自适性的方式，从"看，国宝——吴地文物再想象"到"四两千斤：梁绍基、杨诘苍双人展"，都是吴中博物馆为观众呈上的答案。

从新颖的角度诠释吴地文化，展示当代思维。对话古今是充满乐趣的话题，当沉寂已久的文物被注入新的生命力，更多的感悟和解读也将得到阐释。我们希望大家在展览中学会思考，也希望通过一些展览的引申来引导大家思考。

（三）发挥非遗在吴文化传播中的作用，加大博物馆非遗推广力度

吴地自古便是能工巧匠会聚之地，张岱在《陶庵梦忆》中更是单独辟了一篇写《吴中绝技》，可见对于美的感受和喜爱，自古有之。吴中有66项非遗项目，其中世界级香山帮传统建筑营造技艺、碧螺春制作技艺，国家级传统艺术光福核雕、甪直水乡妇女服饰，与吴中博物馆基本陈列中提到的"吴地巧工"相呼应。现如今许多非遗项目陷入发展僵局，亟待推广与新的发展模式，将博物馆与非遗结合起来是吴中博物馆自开馆就开始做的事情。三年来，吴中博物馆策划"匠艺"系列展览、将非遗大师请进博物馆开设体验课、组织筹划"非遗实验室"项目，以期更好地为非遗谋发展，找出路。

习近平总书记说，要扎实做好非物质文化遗产的系统性保护，更好满足人民日益增长的精神文化需求，推进文化自信自强。要推动中华优秀传统文化创造性转化、创新性发展，不断增强中华民族凝聚力和中华文化影响力，深化文明交流互鉴，讲好中华优秀传统文化故事，推动中华文化更好走向世界。[2] 非遗是人类的宝藏，吴中博物馆有信心在这方面探索更宽的路，将与吴文化同气连枝的人间国宝带向更广阔的未来。

（四）强化业态支撑，坚持探索"博物馆+"

除了博物馆展品外，数字化、文创产业、线上教育平台等新兴博物馆发展路线也是衡量博物馆与时俱进的方面之一。坚持优化博物馆特色服务，增加展览的知识性、故事性、趣味性，离不开创意和技术的提升。

2021年的"吴县文物数字展"可以说是吴中博物馆基本陈列的再出发，独

到的数字采集和全息影像记录方式让观众对吴县这一地区有了新的认识。博物馆的数字化展示是接地气的新道路，要做好数字化展览，不仅要精准把控数值，也要有紧贴时代发展的多元化探索，全息实景和3D建模等技术需要被应用到博物馆中。这样得出的一组组数据才不是刻板的数字，才能做到真正地"活起来"。

如果说文物是历史的前世，那么博物馆文创就是历史的今生。拓展思路，砥砺前行，有趣味、接地气的博物馆文创产业也不失为一种推广路径。针对丰富的馆藏和悠久的吴文化脉络，我们能做的绝对不止于展览，也不能只是展览。

一座博物馆的诞生，是在"高水平"和"有特色"中建立自己的维度
一个展览的未完成，并不是戛然而止，而是去更好地完成和探索
不负吴地万年的山水滋润
不负观众殷切的信任与期待
这就是去完成这个展览的意义所在

注　释

〔1〕着眼全国大局发挥自身优势明确主攻方向　奋力谱写中国式现代化建设的陕西篇章．人民日报，2023-05-18 (1).

〔2〕扎实做好非物质文化遗产的系统性保护　推动中华文化更好走向世界．人民日报，2022-12-13 (1).

后　记

　　时光倏忽而过，却因为造了一座馆、做了一个展让我们的时间变得异常丰盈、难忘。从选址到动工，从展览策划到展览落地，吴中博物馆的建成以及吴中博物馆基本陈列的如期呈现，离不开各级领导、各位专家学者的关心与指导，也离不开博物馆团队、设计团队、建设团队的共同努力。

　　展览是一个博物馆的灵魂，好的展览是收藏、研究和阐释能力的一种综合体现。把专业的、学术的内容编织、构建成好玩、好看、长知识的展陈空间，需要各个环节的策划、设计和技术人员的合力。打造吴中博物馆基本陈列的过程中，我们经历了困难，也积累了经验。感谢中国博物馆协会刘曙光理事长为我们提供了一个交流心得、总结经验、相互学习的平台，让吴中博物馆基本陈列的建设过程得以通过"策展笔记"呈现出来。《风雅江南——吴中博物馆基本陈列策展笔记》绝不只是一次总结和梳理，更是我们进一步提升展览水平、提高办展能力的新起点。

　　在本书的编撰过程中，特别感谢陈浩、杭侃、徐坚、商晨雯、虞恬静、周缘等师友、同行对吴中博物馆一直以来的关注和支持。此外，博物馆团队及展览设计团队对本书编写也做出诸多努力：金螳螂文化杨震、曹永辉、刘军提供了大量展览设计过程中的信息资料，设计师李小菊撰写了"策展"中的展览形式设计一节并提供了大量设计过程中的图片；吴中博物馆副馆长陈小玲、馆员李爽、茅天宸、袁炜、龚依冰、郭笑微、章璐等参与了本书的撰稿与访谈，李爽负责组稿；摄影师莫剑毅以及博物馆工作人员马鸣沅、张静娴为本书拍摄了相关图片，在此一并感谢。

　　最后，也要特别感谢浙江大学艺术与考古学院"百人计划"研究员毛若寒博士及浙江大学出版社编辑团队为本书付梓付出的辛勤劳动。